DEUS TE QUER SORRINDO

FONTANAR

PADRE JONATHAN MORRIS

DEUS TE QUER SORRINDO

Da autoajuda à ajuda divina

Tradução
Lilian Jenkino

FONTANAR

EDITORA OBJETIVA LTDA.
Rua Cosme Velho, 103
Rio de Janeiro — RJ — CEP: 22241-090
Tel.: (21) 2199-7824 — Fax: (21) 2199-7825
www.objetiva.com.br

Título original
God Wants You Happy

Capa
Glenda Rubinstein

Imagem de capa
©Kertlis/iStockphoto

Revisão
Ana Grillo
Eduardo Carneiro
Joana Milli

Editoração eletrônica
Abreu's System Ltda.

PRISA EDIÇÕES

Os nomes e as características pessoais dos indivíduos citados neste livro foram alterados para proteger a privacidade deles.
Todas as citações de Mahatma Gandhi foram extraídas de www.mkgandhi.org pelo autor e traduzidas livremente nesta obra.

CIP-BRASIL. CATALOGAÇÃO-NA-FONTE
SINDICATO NACIONAL DOS EDITORES DE LIVROS, RJ

M858d Morris, Jonathan
Deus te quer sorrindo: da autoajuda à ajuda divina / Padre Jonathan Morris; tradução Lilian Jenkino. - Rio de Janeiro: Objetiva, 2012.

Tradução de: *God wants you happy: from self-help to God's help*
197p. ISBN 978-85-390-0365-5

1. Espiritualidade. 2. Cristianismo e outras religiões - Nova Era (Movimento Esotérico). 3. Felicidade - Aspectos religiosos - Cristianismo. I. Título.

12-2183. CDD: 248
CDU: 2-584

Eu dedicaria este livro aos meus pais, Bob e Sharon Morris, que ainda me ensinam a cada dia o que é a felicidade verdadeira, tanto nos momentos bons quanto nos momentos difíceis; mas sei que eles preferem que eu dedique o livro a você, leitor, fazendo uma oração para que você também possa se tornar a pessoa feliz, saudável e santa que Deus deseja que você seja.

Sumário

INTRODUÇÃO

Uma vida cheia do Espírito

Meu novo amigo açougueiro, Moe, olhou para mim, primeiro com surpresa, depois com um sorriso largo. "Quem dera!", disse, erguendo as ralas sobrancelhas grisalhas enquanto recolhia, com um movimento, a carne recém-saída do moedor antigo, da década de 1950, sem despregar os olhos de mim. O tom e os trejeitos desse esperto octogenário do Brooklyn não podiam ter expressado uma descrença maior diante da sugestão que fiz, segundos antes, de que ele talvez estivesse a caminho de se tornar um santo, algo não muito diferente de seu homônimo italiano, de quem ele tinha tanto orgulho.

Eu sentia que aquele cavalheiro *estava* percorrendo tal caminho; seu sorriso era puro e verdadeiro. Ele estava cheio do Espírito.

Naquela manhã de sábado, pensei o tempo todo em santos vivos enquanto dava conta dos meus afazeres pela vizinhança, já que esse seria o assunto da leitura dos Evangelhos nas missas do dia seguinte. Durante a minha oração daquela manhã, fiquei tão surpreso quanto Moe com a ideia — muito bem expressa na Bíblia — de que somos *todos* chamados para ser santos e que ser santo tem menos a ver com auréolas e mãos juntas e mais com desfrutar de uma vida plena, ou seja, ser tudo aquilo que Deus nos criou para ser. A mensagem final de várias leituras podia ser resumida, para mim, nas palavras de Jesus segundo o Evangelho de João: "Eu vim para que tenham vida, e a tenham plenamente" (João 10:10, NVI).

Naquele dia, numa epifania que só pode ser explicada como intervenção divina, logo após ter meditado sobre as Escrituras e ter encontrado Moe, essa passagem familiar — que eu já havia lido e ouvido centenas de vezes — tomou meu coração de assalto. *Deus quer que eu e todas as pessoas ao meu redor sejamos profundamente felizes!* Então percebi que se tornar santo e ser feliz são coisas que estão interconectadas. Percebi também que Deus deve ter um plano principal — além de alguns planos alternativos, para quando nós errarmos — de como conseguir chegar lá!

Esse momento foi maior do que o de uma mera constatação do intelecto. Em um instante infinitamente curto de razão e emoção espiritual, fiquei sabendo por experiência aquilo que eu já sabia em minha cabeça: Deus está ao meu lado, e seus convites, suas ordens e até os tropeços e os machucados que ele permite ao longo do caminho são marcos que apontam na direção da realização pessoal — *uma vida plena* — à espera de ser atingida por mim e por todos os filhos de Deus.

Essa descoberta (algo tão óbvio e simples que mal pode ser chamado de descoberta, a não ser na minha própria experiência subjetiva) causou um impacto muito profundo em mim naquele dia porque muito contrastava com o que experimentara na semana anterior. Eu vinha passando por dias bem difíceis. Estava tentando lidar com as dificuldades de me adaptar à vida em Nova York e de servir numa paróquia de Manhattan depois de muitos anos no ambiente tranquilo e controlado de um seminário em Roma, na Itália. A impressão que tive foi a de que todas as pessoas ao meu redor também estavam passando por momentos difíceis e que não estavam conseguindo se beneficiar de seus esforços. Sim, eu estava sofrendo um pouco, mas as pessoas à minha volta estavam arrasadas. Lembro-me muito bem de uma jovem mãe, assustada e inconsolável, presa num hospital devido a um câncer de ovário bastante avançado; lembro-me também da amiga que já estava chegando perto de perder o juízo, tamanhas eram a frustração e a raiva por estar beirando os quarenta anos sem ter conhecido um homem decente; lembro-me do funcionário da igreja que fora demitido uma semana antes de seu casamento; lembro-me de um amigo e pastor protestante cuja mulher o deixara para ficar com o patrão rico; lembro-me daquele pai de três filhos pequenos que sofria de uma depressão que o humilhava e debilitava; lembro-me, por fim, do senhor de 98 anos cujo funeral, oficiado por mim, não foi presenciado por *ninguém* — nem uma viva alma!

Durante os meus anos de ministério pastoral formei, inconscientemente, uma defesa quase transparente, porém férrea, que me permite demonstrar interesse e até mesmo mergulhar nos problemas alheios sem me deixar afetar emocionalmente. Contudo, naquela semana, por baixo do meu semblante sereno escondiam-se grandes dúvidas sobre a estratégia questionável de Deus de cuidar de alguns de seus filhos: "Será que existe uma solução verdadeira, real e positiva para o sofrimento *dessas* pessoas, para *todas* as aflições?", perguntei para mim mesmo.

Aquele instante simples e nada excepcional de iluminação espiritual que experimentei na manhã de sábado colocou essas preocupações — resumidas na pergunta que fiz a Deus sobre a existência de soluções para todos os problemas — de volta ao lugar de destaque na lista de preocupações sobre a vida. Trata-se de um contexto em que realidades espirituais (incluindo o céu, a graça e a redenção) são levadas em consideração. Sim, é verdade, na semana anterior eu havia encontrado pessoas que estavam vivendo em agonia, presas de forma trágica à própria infelicidade; mas agora, através da alegria invencível de Moe (apesar de seu açougue estar enfrentando risco de extinção devido aos novos gigantes corporativos que invadiam nosso bairro) e por meio das Escrituras, eu estava sendo lembrado pela graça de Deus da promessa que Ele nos fez: um bem maior surgirá de cada situação ruim, de cada momento de dor e sofrimento em nossa vida — sim, um bem ainda maior do que toda a bondade da qual sentimos falta agora — se permitirmos que Ele assim aja. Essa promessa cobre cada pedaço minúsculo da aparentemente infinita capacidade humana de sentir agonia, seja ela física, emocional ou espiritual. Sim, existe uma solução real, verdadeira e positiva para você e para mim, mesmo agora, não importa qual seja o problema. Essa solução se assemelha à alegria, à paz e a um profundo sentido de significado quando a encontramos, baseada na esperança em um Deus que nos conhece, que nos ama e que reservou para nós e para aqueles que amamos coisas muito boas.

Eu já vi essa promessa ser cumprida nos casos mais improváveis. Já testemunhei pessoas que tinham todos os motivos para desistir, sem nenhuma solução em vista (real ou imaginária), rejeitarem a mentira que diz que, às vezes, a esperança é algo estúpido e irracional, para logo depois dar um salto e passar a viver capítulos novos e maravilhosos em sua vida. Já testemunhei pessoas presas a relacionamentos ruins e derrubadas por hábitos autodestrutivos decidirem, de uma vez, que têm a graça para superar aquilo que as oprimiu durante anos. Para falar a verdade, sempre que presto atenção acabo vendo uma infinidade de santos do dia a dia andando por aí — pessoas cheias do Espírito — buscando a felicidade mesmo em face de dificuldades e acontecimentos perigosos e difíceis. A diferença entre as pessoas com histórias bem-sucedidas (que superam as dificuldades e que alcançam uma vida santificada e feliz) e aquelas que se afundam na autocomiseração é minúscula. A promessa divina de bondade está ao alcance de todos, agora mesmo.

Mas, então, como alcançá-la? Como recuperar ou adquirir pela primeira vez um coração que acorda em paz e que vai dormir sorrindo?

As pessoas felizes, decerto, podem nos ensinar alguma coisa. Por que será que Moe ainda sorri, por dentro e por fora, enquanto seu pequeno açougue luta para sobreviver? Por que é que ele não sente raiva pela Whole Foods e pela Dean & DeLuca (os grandes falcões do ramo alimentício que pousaram no território dele!) tornarem sua loja cada dia mais irrelevante? O que impede que ele se torne amargo, como aconteceu a muitos outros em situações parecidas?

Talvez todos nós possamos concordar que a felicidade é mais uma questão de *ser* do que *ter*; é quando o coração descansa no lugar certo. Também sabemos que ser feliz é muito mais do que a mera rejeição a inúmeros impostores, como o materialismo ou o hedonismo. O caminho para a felicidade é bastante misterioso. Algumas pessoas o encontram, mas outras pessoas do bem parecem não conseguir encontrá-lo. Isso é um problema. Se Deus existe e deseja a felicidade para todos nós, então deve haver um bom motivo por que Seu projeto pareça não funcionar com tanta frequência.

Essa dúvida persistente sobre a capacidade de Deus de intervir em nossa vida para fazer o bem é o motor da indústria da autoajuda, mas também é a principal razão de seu fracasso. Quando se parte da premissa de que Deus não tem o poder de fazer a diferença na vida humana, então só faz sentido tentar resolver tudo sozinho, tentando novamente quando nossas tentativas fracassam. Nas livrarias, na televisão e na internet, encontramos milhares de fórmulas que incentivam a melhoria individual; infelizmente, o que a maioria dessas fórmulas tem em comum é a escolha por deixar Deus quase completamente de fora da equação que traria a solução para a cura. As frases a seguir parecem familiares para você?

- Você é o dono de seu próprio destino.

- O centro do universo é *você*.

- A realização pessoal não pode ser restringida pela tradição imposta.
- Você é a sua própria felicidade.
- Se a liberdade é boa, quanto mais liberdade, melhor; e a liberdade em relação a mitos de divindades exigentes é ainda melhor.

Como não estou colocando tais frases — citações verdadeiras de livros de autoajuda — no devido contexto, para fazer justiça aos respectivos autores, não irei citar obras ou nomes. No entanto, tenho certeza de que você já leu semelhantes pérolas de "sabedoria" agnóstica que professam uma fé na confiança absoluta na humanidade.

Um dos problemas com as muitas variações da autoajuda ateísta ou irreligiosa é este: geralmente não funciona, e *nunca* funciona no longo prazo. Essas fórmulas para a felicidade podem ajudar no curto prazo ao inspirar as pessoas a assumir uma responsabilidade pessoal pelos aspectos práticos da vida, mas nunca conseguem nos dar aquilo que tanto desejamos. Para trazer à luz a verdadeira felicidade primeiro é preciso descobrir quem somos num universo cuja existência só pode ser explicada pela figura de um Criador eterno; tal felicidade passa a ser então cultivada pelo relacionamento com o Criador, como filhos e filhas muito amados por Ele.

A descoberta e o reconhecimento do Deus-Criador e a construção do relacionamento com Deus, nosso Pai, exige um trabalho duro que ninguém pode fazer por nós — trabalho esse que podemos chamar de autoajuda. Porém, se confiarmos apenas na sabedoria e na força própria ao ser humano para alcançar a felicidade verdadeira, como sugere a maioria dos livros de autoajuda, acabaremos sempre decepcionados.

Deus nos criou por amor. Ele nos deu a liberdade para podermos escolher o que é melhor para nós, para vivermos em amizade com Ele nesta vida e por toda a eternidade. O crescimento humano genuíno, portanto, quase sempre está ligado às boas escolhas (a autoajuda positiva) e sempre tem tudo a ver com a graça de Deus (a ajuda divina). Qualquer esforço na direção de criar um divórcio entre essas duas ajudas equivale a um desvio perigoso, tanto na direção do narcisismo filosófico (a busca pela autoajuda sem o reconhecimento de Deus) quanto na direção da irracionalidade religiosa (a expectativa de que Deus faça por nós aquilo que Ele deseja que façamos por nós mesmos).

Apesar de Deus nem sempre atender às minhas preces de acordo com o tempo que me é conveniente ou em conformidade com o que acredito que Ele devesse fazer, minha confiança na promessa divina de uma solução real para todos os problemas é absoluta. Tenho uma certeza moral muito grande de que Deus está esperando que você e eu obtenhamos a felicidade que Ele reserva para nós.

As Escrituras dão uma pista de como podemos alcançar essa felicidade: "Entrem pela porta estreita, pois larga é a porta e amplo o caminho que leva à perdição, e são muitos os que entram por ela. Como é estreita a porta e apertado o caminho que leva à vida! São poucos os que a encontram" (Mateus 7:13-14, NVI).

Deixe de lado por alguns momentos a inclinação para ler essa passagem que trata de uma vida de observação à moral como uma tentativa de Jesus para que nos comportássemos bem. Deixe de lado a inclinação para enxergar na passagem um convite a uma espiral de culpa, um aviso para o bom comportamento tentando impedir que nos encontremos já muito distantes na "estrada larga e comprida" da imoralidade. Em vez disso, pense na passagem como um convite que Jesus faz para percorrer o maravilhoso caminho que leva à *vida*. Fazer isso não serve para colocar a vida cristã sob uma perspectiva absolutamente positiva? Jesus convida a tomar o caminho menos percorrido porque esse é o caminho da vida em abundância.

Pessoas da idade dos meus pais e dos meus avós quase sempre se lembram — alguns de forma nostálgica, outros quase a lamentar — de como os antigos pregadores, cheios de boa intenção, tenho certeza, tentavam assustar os frequentadores das igrejas com descrições apocalípticas do inferno para traduzir a importância do céu. Um bom cristão deve evitar um comportamento imoral, diziam, para escapar das chamas eternas.

Mas há alguma coisa nessa abordagem que não faz sentido para mim, ainda que seja verdadeira: ela soa diferente da experiência que tenho de Deus quando lida comigo e com outras pessoas. A moralidade induzida pelo medo pouco consegue suportar uma disputa com a crescente onda de nossas paixões, porque somos inclinados de forma natural a satisfazer tais paixões mesmo quando a mente nos diz que há um caminho melhor. Mesmo que consigamos viver uma vida de retidão inspirada pelo medo do inferno ou da ira de Deus, a moralidade induzida pelo medo resulta em uma vida de rigidez e frustração. A retidão temerosa nada tem a ver com a vida abundante, feliz e livre que Deus deseja para nós.

Em sua essência, a Bíblia é uma história de amor entre Deus e nós, seus filhos e filhas. Quando for ler os Evangelhos — Mateus, Marcos, Lucas e João —, tente manter o coração aberto para os sussurros de Deus. Como a lente de uma máquina fotográfica automática, cuja abertura e tempo de exposição variam de acordo com a quantidade de luz no ambiente, o coração quase sempre se encontra parcialmente fechado, como um tipo de mecanismo de autodefesa; ele abre e fecha muito rápido, de forma que apenas uma pequena quantidade de luz consegue entrar. Se não lutarmos contra o barulho e as distrações que nos cercam, bem como contra os pensamentos preconcebidos (e os medos) sobre o que Deus quer dizer através dos Evangelhos, o coração não conseguirá discernir a voz silenciosa, poderosa e respeitosa de Deus que conduz para o caminho da realização. Quando lemos as Escrituras, não existe a menor necessidade de temer o excesso de luz. Toda essa luz é boa para nós; a mente e o coração precisam de cada pedaço daquilo que Deus deseja contar sobre quem Ele é, quem somos nós e sobre o grande plano que nos espera.

Em nenhum outro lugar a imagem mal desenvolvida de Deus causa efeito mais debilitante e depressor do que nas profundezas da alma, lugar onde refletimos, com o coração parcialmente fechado, sobre as grandes questões da vida, que dizem respeito à natureza pecadora do homem, ao "porquê" de todo o sofrimento, à possibilidade da redenção, à "missão" que temos na vida e sobre o que há para além da vida. Tal imagem mal desenvolvida acaba geralmente levando a reflexões sobre a culpa, sobre o medo e sobre a vergonha, deixando mais sombria a perspectiva que temos de como a vida pode ser boa no presente, a despeito do passado e do presente atual, e de como a felicidade e o céu são acessíveis para todos nós.

Um coração que passa a maior parte do tempo aberto, por outro lado, sempre será preenchido com raios de luz e alegria quando refletir sobre o modo com que Jesus encara essas grandes questões existenciais. Antes de prosseguir com sua leitura, pare por um instante para abrir seu coração. Diga a Jesus que você não tem medo de deixar a luz do amor brilhar em você e iluminar sua vida com a verdade.

Talvez você se lembre da seguinte história, presente no Evangelho de Marcos (10:17-30):

Jesus está prestes a seguir em viagem quando um homem corre até ele e se ajoelha. Pouco sabemos sobre esse homem, mas o fato de o autor do Evangelho dizer que ele estava *correndo* e que de repente *se pôs de joelhos* diante de Jesus indica que se tratava, provavelmente, de alguém jovem. A seguir descobrimos que ele era rico e que gostava de sê-lo, então, podemos acrescentar à cena mental que ele provavelmente estava bem-vestido, mas que foi pio e honesto o bastante para não se preocupar em ver suas belas roupas sujas ao cair de joelhos no chão como forma de reverência.

A cena que trata do jovem rico se completa ainda mais com o diálogo que se segue. Logo que se põe de joelhos, o jovem faz uma pergunta a Jesus em tom respeitoso e sincero: "Bom mestre, que devo fazer para herdar a vida eterna?" Depois de testar a fé do jovem ao perguntar o motivo de ele tê-lo chamado de "bom", já que apenas Deus é bom — Jesus assim o fez para que o jovem descobrisse que sua fé nele era profunda —, Jesus responde à pergunta referente à salvação dizendo "Você conhece os mandamentos", completando com uma lista de conduta moral um tanto rígida (alguns dos Dez Mandamentos).

Nesse ponto, a maioria das pessoas já teria se levantado e ido embora. Mas não o jovem rico e pio! "Mestre, a tudo isso tenho obedecido desde a minha adolescência", ele responde, de forma indignada. E talvez até fosse verdade, pelo menos na cabeça do jovem. De que outra forma ele teria a coragem de olhar nos olhos de Deus e fazer tal declaração? Marcos, o evangelista, então conta que Jesus "olhou para ele e o amou. 'Falta-lhe uma coisa', disse ele. 'Vá, venda tudo o que você possui e dê o dinheiro aos pobres, e você terá um tesouro no céu. Depois, venha e siga-me'".

Tendo ouvido o conselho de Jesus para o jovem que tanto se importava com a moral, os discípulos então perguntaram, com um tom óbvio de preocupação: "Neste caso, quem pode ser salvo?" Eles estavam preocupados consigo mesmos — não só com onde passariam a eternidade (céu ou inferno), mas também por tentar justificar o presente, para saber qual era o propósito da vida, pelo que deveriam esperar; queriam saber se seguir os ensinamentos desse pastor itinerante serviria para obter respostas para a discórdia, a dor, a guerra e o egoísmo envolvidos na condição humana. Eles esperavam que os ensinamentos de Jesus melhorassem a qualidade de vida que tinham, mas, naquele momento, o mestre pareceu duro demais.

Afinal, os discípulos tinham apostado em Jesus de Nazaré — em quem Ele dizia que era, um amigo e irmão, Senhor e Redentor. Haviam trocado a prioridade da vida deles para fazer com que coincidisse com a mensagem de amor, de servidão e de perdão como resposta para a humanidade. Haviam começado a se apaixonar por um Deus de amor que os amara primeiro por tê-los criado; e quem, na pessoa de Jesus, os amava como ninguém jamais fizera antes.

Naquela ocasião, o bom mestre parecia dizer que algumas pessoas muito boas não eram boas o bastante para Ele. Parecia que Ele estava punindo o coitado apenas porque o rapaz não estava disposto a vender tudo que tinha para dar aos pobres. Os discípulos não eram ricos como o jovem, mas, decerto, esses homens do mar não se consideravam mais santos do que o rapaz. Será que Jesus seria apenas mais um capítulo na história em que Deus nos pede o impossível?

Talvez fosse esse o motivo por que Moe, o açougueiro, exclamou "Quem dera!", quando ouviu minha sugestão de que ele estava a caminho de se tornar mais um santo. Ele falava por muitos de nós que, apesar de felizes, vivem com diferentes graus de medo e de dúvida em relação às chances de estar presente na lista final. Muitas vezes pensamos: "Se a Bíblia é verdadeira e o céu está cheio de santos, então estou profundamente encrencado, já que, ao lado dos santos, estarei absolutamente deslocado." Conforme a vida se desenrola e vai se tornando cada vez mais complicada, em geral com mais arrependimento do que com vitórias que coroam a memória, ficamos mais propensos a jogar a toalha quando pensamos na possibilidade de conseguir a felicidade profunda.

É por esse motivo que a resposta de Jesus à pergunta dos discípulos sobre quem poderia ser salvo é uma ótima notícia. Ela é motivo de esperança. Essa resposta é a chave para a felicidade aqui e agora. É o que nos traz paz, mesmo quando em face das nossas próprias fraquezas e deficiências como seguidores de Jesus. É isso que me dá confiança de que Moe — e você e eu — poderá um dia se juntar à fileira dos santos no céu, independentemente de um passado inglório ou de um presente repleto de falhas.

Jesus voltou-se para os discípulos e disse: "Para o homem é impossível, mas para Deus, não; todas as coisas são possíveis para Deus."

TODAS AS COISAS SÃO possíveis. Vida em abundância. Em outras palavras, há uma esperança verdadeira para todos nós. Se estivermos dispostos a aceitar e a colaborar com o desejo e o poder de Deus de nos salvar dos hábitos autodestrutivos, a despeito de qualquer que seja o passado, Ele irá nos ajudar a sermos pessoas abundantes, felizes e cheias do Espírito. A resposta final de Jesus deixa claro que Ele não tem predileção pelos ricos ou por qualquer outra classe de pessoas. Mas Ele sabia que, no caso *desse* jovem rico, a *fixação* para com sua riqueza estava acabando com ele, destruindo-o, limitando o potencial de realização pessoal e de redenção. Marcos diz, no Evangelho, como vimos antes: "Jesus olhou para ele e o amou. 'Falta-lhe uma coisa...'"

Com o coração totalmente aberto, podemos ler nesta passagem bíblica que Jesus estava preocupado com aquilo que faltava na vida do jovem. E podemos ver que Ele *desejava* aquilo para o rapaz! Pois esta é uma boa notícia para nós: muitos de nós estamos presos a coisas ou atitudes ou crenças que nos mantêm em falta de uma ou de muitas coisas boas que Deus deseja para nós.

Conforme fui conhecendo Moe melhor, descobri que seu sorriso largo tinha relação direta com a generosidade de outro homem do mesmo bairro. Moe explicou-me, certo dia, depois de recusar novamente meu pagamento por mais meio quilo de carne moída, que a única razão pela qual conseguia se manter no mercado, mesmo depois de aquele pedaço da "Little Italy" ter sofrido uma remodelação e se tornado o bairro mais novo e desejado de Nolita (ou "norte da Little Italy") se devia ao dono de um dos restaurantes mais populares da vizinhança, o Café Habana, que ficava na mesma rua que o açougue de Moe. O dono daquele restaurante havia decidido (mesmo com um custo significativo para as operações da casa) comprar toda a carne para seu uso da pequena loja de Moe.

Como será que Moe teria se arranjado se tivesse de deixar aquele segmento do mercado? Provavelmente se sairia muito bem, porque sei que Moe não depende das circunstâncias para seu bem-estar geral. No entanto, tenho alguma certeza de que a generosidade do dono do restaurante é parte da promessa que Deus fez a Moe de realizar um bem maior a partir de situações de dificuldade como aquela, contanto que Moe permitisse. Ainda que não admita para si mesmo, Moe deixou Deus no controle, e Deus não o decepcionou.

Fico imaginando qual terá sido a história por trás da generosidade que o dono do Habana demonstrou para com Moe. Suspeito que um dia descobrirei. Meu palpite é que, em algum momento do caminho, ele também experimentou o amor de Deus por ele através do amor abnegado de outra pessoa. Você já reparou como a bondade dentro de nós espalha a bondade nos outros?

A bondade também tem outro efeito (e mais importante): ela abre o coração humano à experiência da presença amorosa de Deus. É quase impossível experimentar o amor pessoal de Deus se você nunca experimentou a bondade abnegada de um vizinho. Quanto mais semeamos o amor em todas as pessoas que nos cercam, mais as preparamos para o encontro com o amor pessoal, íntimo e infalível de Deus. A experiência do amor de Deus transporta para outra dimensão da humanidade; ela é o portão de entrada para o desabrochar humano.

Exemplos semelhantes de pessoas boas — pessoas *muito* boas — que passaram pelo portão estreito que leva a humanidade à vida em abundância nos lembram de que seguir Jesus não é um mero exercício esotérico de pensamento positivo. Trata-se de como nosso relacionamento amoroso com Deus se traduz no trato santificado com o marido ou a mulher, com a conta bancária (sim, conta bancária!), com as contas em geral, com os empregados, com a doença, o sucesso, a fama e o mau humor.

A mensagem deste livro é que o desabrochar humano e a beatitude — com isso quero dizer a felicidade sobrenatural que é encontrada através da união com Deus — e, por fim, o paraíso (o céu) pode começar aqui e agora, se nos tornarmos pessoas cheias do Espírito. Nas páginas a seguir, vamos ter a experiência de que o céu é maravilhosamente acessível para cada ser humano que tem a coragem de entregar as rédeas de uma vida debilitada para um poder mais elevado e amoroso. Espero que você use este livro como guia para ajudá-lo a viver com confiança e alegria duradouras, a despeito do que a vida colocar em seu caminho, porque confiamos — de fato, chegaremos a saber — que Deus olha por nós, nos ama e que será fiel à sua promessa. Este livro é um manual, se você assim preferir, para criar uma vida feliz, uma vida repleta de felicidade; ele sugere maneiras através das quais, ao viver de forma consciente e plena o momento esfarrapado do agora, podemos empregar mecanismos naturais de melhoria interna que Deus já forjou dentro de nós. Tais mecanismos, quando ativados, abrem a mente e o coração para o poder transformador de Deus. Para resumir, quero, com este livro, compartilhar com você o segredo de viver imediatamente a felicidade, uma vida cheia do Espírito e destinada a culminar com a entrada no céu, a vida de um santo em formação.

Ao contrário de alguns livros de autoajuda que você e eu já lemos por aí, nas páginas que se seguem eu não lhe prometerei a lua. Na minha avaliação, não existem segredos simples que, uma vez revelados e compreendidos por uma alma iluminada, são capazes de conseguir trazer a realização de todas as suas aspirações humanas. Isso se dá porque *sozinhos* não conseguimos controlar o futuro. Muitas são as vezes que não conseguimos controlar nem mesmo o bem-estar das pessoas mais próximas e queridas — nem sempre conseguimos salvar um casamento, ou ficar ricos através do trabalho duro, ou ser curados quando enfermos. Há muitos fatores que fogem ao nosso controle. De forma irônica, muitas pessoas que *conseguem* ter sucesso no controle da maior parte desses fatores, de acordo com uma ideia própria de felicidade, acabam terrivelmente insatisfeitas.

Eu já disse que a autoajuda sem a ajuda divina é um perigoso desvio na vida. Porém, quando inserimos a autoajuda em um conhecimento adequado e espiritual de quem somos, de quem Deus é e do que se trata a vida, então podemos considerá-la uma preparação para a graça de Deus. Eu mesmo leio muitos livros de autoajuda. Olhando de modo geral, eles se oferecem como um interessante estudo de caso de onde estamos, como cultura, na imutável busca pela melhoria pessoal e pela felicidade. Em alguns desses livros encontro pepitas de sabedoria verdadeira que me tomam de surpresa e desafiam meus pensamentos. Se tivéssemos de falar sobre um gênio da literatura de autoajuda, este seria a singela verdade de que Deus ajuda aqueles que ajudam a si mesmos. Ele ajuda todas as pessoas, é claro, e por isso devemos agradecer — mas a literatura de autoajuda nos motiva a abraçarmos a parte que nos cabe do plano divino, ela ajuda seguirmos até a base e a balançar o taco quando é a nossa vez de rebater. A autoajuda renega a falsa espiritualidade que prega que devemos sentar e esperar que alguém (Deus ou outra pessoa) faça o trabalho por nós.

Mas, apesar de ler livros de autoajuda de vez em quando, preocupo-me quando vejo alguém lendo um desses livros no metrô ou logo à minha frente no avião. Fico preocupado porque sei que a pessoa por trás daquelas páginas está buscando algo muito maior do que a autoajuda pode oferecer, e porque o autor do livro muito provavelmente está dizendo que toda a ajuda que a pessoa precisa pode ser encontrada em seu livro.

Como comecei a explicar anteriormente, o grande culpado pela ruína do gênero da autoajuda é a glorificação do potencial humano despregado da nossa dependência de Deus. Raciocinando de forma lógica, a autoajuda sem a ajuda divina é, na melhor das hipóteses, uma solução escapista, pois, se ao menos chegar a funcionar, funcionará por um número finito de anos. Pense nisto: a autoajuda não foi responsável por nossa chegada nesta terra, nem nunca fez com que alguém vivesse para sempre.

Permita que eu dê um passo adiante. O fato de a nossa origem e destino eterno não poderem ser manipulados pelo esforço humano deveria nos levar a perguntar se a autoajuda *sozinha* é suficiente mesmo para alcançar todo o nosso potencial aqui e agora. A resposta, acredito eu, é não. Não há nada que eu possa dizer, nem há nada que você possa fazer, que por si só seja capaz de atender a todas as suas necessidades. Seu coração é muito grande para ser satisfeito pela autoajuda ou pela ajuda humana de qualquer tipo. Você foi feito à imagem e semelhança de Deus e sua alma permanecerá inquieta até que possa repousar em Deus e no plano que Ele tem para você.

Não obstante, parte desse plano indica precisamente a autoajuda *como ponto de partida para o mundo sobrenatural.* A autoajuda é a companheira natural da graça. Por tal motivo, com este livro pretendo apontar um caminho de colaboração com o poder de Deus. Quero mostrar a você onde a autoajuda é necessária e onde começa a ajuda divina. Tenho confiança em que, se você optar por trilhar esse caminho de forma livre e consciente, ele trará grande realização e paz interior, uma paz que tem origem em Deus e que vai além do contentamento sensorial manipulado e da compreensão humana. É um estado da alma em que nos tornamos profundamente felizes com quem somos, com o porquê de estarmos aqui e para onde estamos indo, ainda que muito do sofrimento humano permaneça.

Não estou oferecendo, com estas páginas, um conjunto de boas ideias ou ideias sábias que eu mesmo inventei. Em vez disso, proponho a renovação de um estilo de vida que esteja de acordo com o que Deus revelou sobre si mesmo e sobre nós. Estou fazendo um convite para um programa espiritual que começa quando você desejar e que pretende durar por toda a vida. Será um desafio e uma alegria, trabalho duro e delícia inexprimível. Conforme sentirmos o chamado gentil do Espírito Santo para deixarmos de lado os hábitos destrutivos, sentiremos também o beliscão do sacrifício e a presença irresistível de um Deus amoroso que quer nos encontrar além da metade do caminho até Ele.

Essa abordagem que integra o humano ao sobrenatural no processo de melhoria individual não é esotérica. Ela não é distante. Não é impetuosa. Não é destinada apenas a filósofos ou pessoas iluminadas. Ela é tão realista quanto a verdade de que "Deus criou o homem" — em outras palavras, é tão terrena, arenosa e fantasticamente mundana quanto o nascimento de Jesus ter se dado em um estábulo. Ela é tão surpreendentemente humana quanto o Filho de Deus ter escolhido trabalhar em uma carpintaria por anos a fio. Nosso programa de vida envolve imitar e aproveitar o modo como Jesus viveu sua vida cotidiana. Com que convicção e com que persuasão Ele teve de fazer as tarefas mais simples! Com que amor e com que consideração teve de tratar os pais, os vizinhos e os amigos! Quantos pensamentos positivos e maravilhosos devem ter habitado sua mente e percorrido seu coração!

Jesus poderia ter vindo a nós em uma nuvem, rodeado de legiões de anjos. Em vez disso, Ele viveu como nós, sofreu como nós, teve de lidar com pessoas imperfeitas como nós e, o tempo inteiro, estava dando prosseguimento à realização da missão que havia recebido de seu Pai. Nós também temos uma missão. *Você* tem uma missão. Nosso programa espiritual envolve descobrir essa missão divina em meio à simplicidade e à complexidade da realidade presente.

Não há motivo no céu e na terra pelo qual você e eu, feitos à imagem de Deus, não possamos viver como Jesus viveu. Deus deseja que tenhamos esse dom, e deseja que nós o busquemos.

Outro dia eu conversava com uma mulher que tinha uma queixa bastante compreensível contra Deus: “Não estou pedindo felicidade”, ela disse, “pois, a esta altura, nem mesmo sei como isso seria. Tudo que peço é um pouco de paz”. Essa paz — e, sim, uma felicidade profunda e verdadeira também — está ao alcance de nossas mãos. Deus está esperando que reivindiquemos essas coisas ao percorrer um caminho que só nós podemos trilhar.

Ao longo da história, certamente houve diversas variações do caminho que pretendo lhe mostrar. Minha escrivaninha e minhas prateleiras estão repletas de escritos de líderes espirituais a quem muito respeito, mas cujas criações pessoais e religiosas muito diferem da minha história. Por vezes, essas pessoas chegam a conclusões que estão de acordo com as minhas e, outras vezes, que me contradizem. A vida é assim. Deus nos fez como uma massa heterogênea com pequenos cérebros e corações partidos. Não acredito que você precise necessariamente estar registrado em minha paróquia para entrar no céu (apesar de acreditar que isso sirva de ajuda para aqueles que o fazem!). Na verdade, tenho certeza de que há hindus na Índia e judeus em Israel que irão, pela graça de Deus, ser contados entre os santos do céu e que podem muito bem receber uma recompensa maior que a minha pela obediência e aceitação divina através dos vestígios de verdade, beleza e bondade que Deus revelou a essas pessoas ao longo da vida.

Dito isto, eu seria desonesto se afirmasse aqui que as muitas variações desse caminho em direção ao desabrochar humano e à salvação são igualmente diretas e eficientes. Como cristão, acredito na palavra de Jesus quando Ele proclama: “Eu sou o caminho, a verdade e a vida. Ninguém vem ao Pai, a não ser por mim” (João 14:6, NVI). Acredito com firmeza que é através da vida, da morte e da ressurreição de Jesus que todo homem e mulher, de todos os lugares e eras, tem acesso ao céu, onde toda lágrima será enxugada (Apocalipse 21:4) e onde nos tornaremos como Ele, deixando de ser santos em formação, como hoje, para sermos triunfantes membros da comunhão com os santos.

Por mais simples e, talvez, dogmáticas que minhas palavras possam parecer, não me engano pensando que apenas um ato de acreditar em Jesus Cristo como meu Senhor e Salvador, nem que muitos anos a seu serviço façam de mim um santo vivo, ou mesmo uma pessoa feliz. Conheço muitos cristãos que são miseráveis. Por vezes, em minha própria vida, me senti bastante miserável. Devo acrescentar que já encontrei muitos cristãos bastante comprometidos, porém tristes, e até líderes cristãos — padres e pastores — que se sentiam frustrados com Deus pela aparente falha do lado divino em cumprir sua parte da promessa, como assim entendiam tais pessoas.

Mas esse caminho dos santos que proponho não deveria tratar do florescimento humano, não deveria tornar uma pessoa cheia do Espírito? Se Jesus é o caminho, a verdade e a vida e você o segue, por que é que não está feliz, ou, ao menos, parcialmente feliz? Que tipo de Deus perverso conduziria seus seguidores à confusão, à depressão e à dor, ou que deixaria seus discípulos insatisfeitos? Onde está a recompensa por tentar ser uma pessoa boa quando parece que apenas os perversos conseguem se divertir?

Todas essas perguntas necessitam ser respondidas. Se este livro lhe der boas ideias sobre Deus e sobre assuntos espirituais, mas não o ajudar a ser uma pessoa mais feliz — uma mãe, um filho, uma esposa, um empregado ou amigo que sorri com maior frequência e sem muito esforço, de quem é mais agradável estar perto e que necessita de menos apoio para continuar de pé —, então este livro terá falhado. Sim, Deus nos criou para que desabrochássemos, e, se ainda não chegamos lá, deve haver um caminho para conseguirmos tal fim.

Ao longo desta obra eu o convidarei a passar da autoajuda à ajuda divina e, depois, da ajuda divina de volta à autoajuda. Eu o convidarei a se abrir para novas possibilidades de mudar a forma como você vive no presente, primeiro através do poder da mente, do coração e da vontade humana. Por vezes meus conselhos parecerão mais práticos que espirituais. Pode ser até que eu me assemelhe a um dos autores seculares que abordam a melhoria pessoal que você já aboliu por parecer um tanto não cristão. Em outras partes deste livro, talvez você se surpreenda igualmente com quanto pedirei para você confiar no poder de Deus para transformar sua vida.

Minha metodologia se baseia no que considero uma abordagem integrativa do desenvolvimento humano. Deus nos fez seres psicossomáticos — isto é, temos corpo, mente e alma e cada uma dessas instâncias afeta a outra. Enquanto não temos poder para salvar a nós mesmos ou até para sermos felizes através da própria força, Deus espera que ativemos esses poderes corporais e psicológicos, da mente e da vontade, como parte do processo de crescimento. Ele espera que obtenhamos tudo isso para que a alma, por sua vez, seja preparada para a obra transformadora da graça divina.

Essa preparação humana, a autoajuda, é um trabalho árduo, que deve ser feito de forma quase artística. Ela envolve a formação de pensamentos e padrões de comportamento novos e positivistas que tomarão o lugar dos padrões destrutivos aos quais nos acostumamos e que ficam no meio do caminho de sermos aquilo que Deus espera que sejamos. Aprender a sair da frente do caminho de Deus, portanto, e permitir que Ele nos ajude, é algo igualmente artístico.

Eu dividi essa aventura em três partes. A primeira se intitula "O problema". Ela explica o porquê de ficarmos atolados na busca da felicidade e estabelece os princípios através dos quais poderemos ter sucesso. A segunda parte é chamada "A Cura pela Fé-Esperança-Amor". Ela explica o plano de Deus para trazer a nós a realização pessoal. A terceira parte leva o título de "O programa". Ela pretende servir de inspiração ao longo da jornada diária de transformação conforme transitamos entre a autoajuda e a ajuda divina.

Se estiver disposto a participar dessa aventura, convido você a se juntar a mim.

PARTE 1

O problema

CAPÍTULO I

Sócios minoritários do Espírito Santo

Para dar início à nossa viagem, quero lembrar uma verdade espiritual bastante simples: Deus escolheu precisar de nós para o projeto de nossa redenção. Alguns teólogos podem discutir a conveniência linguística dessa afirmação um tanto quanto audaciosa, mas acredito que ela não só é verdadeira, como também é uma das chaves para compreender o modo como Deus lida conosco. Deus ordenou o mundo de tal maneira que mesmo seus maiores milagres não acontecem sem a colaboração humana. A Bíblia não caiu do céu; ela foi passada de forma oral e escrita por pessoas que poderiam ter ido para casa deitar-se no sofá, em vez de trabalhar. Os bebês não são entregues na porta de casa; um homem e uma mulher se juntam e se tornam cocriadores ao lado de Deus. O Bom Samaritano que se desviava do caminho para consolar seu vizinho oprimido era a estratégia preferida de Jesus de realizar a justiça social — um indivíduo assumindo a responsabilidade pessoal de fazer a coisa certa. Por fim, há ainda a escolha divina de atrelar a salvação à fé, esse presente gratuito, simples, complicado e misterioso de Deus por meio do qual somos salvos.

As muitas bênçãos de Deus para nós são verdadeiramente Dele, pois Ele é a origem de toda bênção e nosso sustentáculo, mas a maior parte de tais bênçãos é disseminada, ou é negligenciada, sem ser entregue, por pessoas comuns como você ou eu. Ele atrelou a expressão do amor divino ao livre-arbítrio.

O fato de aceitar profundamente o papel insubstituível de ser tudo aquilo que Deus nos criou para sermos já representa grande avanço. As algemas emocionais da inutilidade e da impotência que confinam tantas pessoas na mediocridade e o *status quo* aos poucos se afrouxam e por fim desaparecem quando agimos em concordância com essa verdade. Aceitar de forma profunda que o progresso depende não de outras pessoas nem de circunstâncias variadas é um ponto da mudança da estagnação para o crescimento. Essa aceitação profunda não é um joguete mental.

Trata-se de uma crença espiritual, aceita também pelo intelecto, de que Deus quer que você seja liberto dos padrões que agem para limitar. Isso implica aceitar verdadeiramente que Deus está esperando que você *faça* algo, que você use os mecanismos naturais da mente e use sua vontade para assumir sua própria liberdade!

No projeto de renovação individual, não podemos esperar por um momento perfeito ou por uma inspiração irresistível, nem por uma espetacular convergência de eventos. Devemos simplesmente *começar*. A procrastinação espiritual é a arte de criar motivos mais ou menos convincentes pelos quais não podemos começar a fazer agora aquilo que sabemos que Deus quer que façamos. É a arte sórdida de justificar para nós mesmos por que não devemos nos comprometer de forma plena com o que Deus deseja para nós.

As desculpas para a inatividade muitas vezes acabam nos convencendo, porque sabemos que, ainda que estivéssemos prontos para mudar de vida, não saberíamos exatamente como fazê-lo, nem se iríamos falhar ao longo do caminho. Nos capítulos a seguir, vamos aprender a substituir o pensamento e os padrões de comportamento negativos por positivos em situações da vida real. No entanto, essa técnica não funcionará a longo prazo se a atitude posterior não for de um determinado tipo.

A atitude efetiva na direção da melhoria individual é o que chamamos de ação de um *Sócio Minoritário*. No mundo dos negócios, os Sócios Minoritários têm uma responsabilidade real, eles representam a companhia diante dos clientes, fazem o trabalho duro dos projetos e dividem os lucros, mas, no fim das contas, não são a companhia de fato. Alguém acima deles — o Sócio Majoritário — é quem os apoia, é quem está no controle e quem garante que as coisas aconteçam do jeito certo.

Nossa relação de trabalho com o Espírito Santo, nossa colaboração com Deus, não difere desse modelo. Sem a inspiração de Deus, os autores das Escrituras, ainda que tivessem saído do sofá, teriam escrito apenas outro livro de referência qualquer. Mesmo o mais orgulhoso dos pais sabe que o produto de sua união sexual — a singularidade do filho e sua alma espiritual — em muito excede o poder criativo de ambos os pais. E quem ou o que moveu o coração do Bom Samaritano de quem falou Jesus nos Evangelhos, que fez com que ele reconhecesse o sofrimento real no outro e que fosse ao socorro de seu semelhante de modo tão memorável, desviando-se em muito do caminho de seu dever? O Espírito Santo está vivo e ativo, esperando que nós nos juntemos a ele! Em outras palavras, nos bastidores de nossos esforços de nos tornarmos pessoas cheias do Espírito está um Deus absolutamente amoroso, poderoso, pessoal e providencial pronto para trabalhar conosco. Ele está disposto a nos encontrar na metade do caminho, a um quarto do caminho ou até mesmo tendo percorrido quase todo o caminho — tanto quanto precisarmos que Ele vá.

Trabalhar como Sócio Minoritário do Espírito Santo é algo que requer muita humildade. Um Sócio Minoritário espiritualmente humilde tem consciência de sua fragilidade e, ao mesmo tempo, tem total confiança na presença, na sabedoria e na força de seu Chefe. Como disse São Paulo: "Portanto, eu me gloriarei ainda mais alegremente em minhas fraquezas, para que o poder de Cristo repouse em mim" (2 Coríntios 12:9, NVI).

Desenvolver essa humildade é, em grande parte, algo que devemos aprender ao prestar atenção à ação do Espírito Santo na nossa vida. Assim como um cônjuge verdadeiramente humilde está sempre atento às necessidades e à sensibilidade daquele a quem ama, podemos nos tornar Sócios Minoritários mais eficientes ao prestar maior atenção ao que o Espírito Santo está fazendo na nossa vida e no mundo. Podemos desenvolver o hábito de conversar com Deus ao longo do dia, mesmo sobre os eventos mais cotidianos. Isso pode ser feito na forma de simples orações de agradecimento (por exemplo: "Obrigado, Deus, por dar a mim as palavras para dizer nesta situação"), de pedido (por exemplo: "Jesus, ajude-me a manter a calma nesta reunião") ou de louvor (por exemplo: "Deus, eu amo você e quero viver minha vida em seu nome"). Quando o contato regular com Deus através da oração se torna uma constante ao longo do dia, nos tornamos mais aptos a ouvir o sussurro divino. Esses sussurros geralmente vêm sob a forma de novas ideias ou intuições, chamados conscientes para corrigir uma atitude ou comportamento, convites silenciosos para dizer algo amável ou realizar alguma boa obra por outra pessoa, ou mesmo sob a forma de consolo espiritual (redução da ansiedade, uma paz interior renovada, e assim por diante).

A atenção humilde às ações de Deus que ocorrem ao redor traz para o indivíduo uma grande paz. Os Sócios Minoritários do Espírito Santo são pessoas profundamente pacíficas. Tais pessoas têm uma confiança imediata na presença ativa e amorosa de Deus em seus esforços e estão completamente comprometidas em realizar a vontade divina. Chegar a esse ponto de abandono sereno e comprometimento com a vontade de Deus pode ocorrer tanto pela graça, como no caso de um crescimento espiritual gradual e contínuo, como através de grandes dores, como no caso dos indivíduos que chegam ao fundo do poço na vida pessoal e finalmente devotam a vida a Deus como último recurso.

Não faz muito tempo, recebi uma mensagem anônima informando que um amigo, Dave, havia sido internado em um hospital devido à "exaustão", além de informar que tudo corria bem e que ele seria liberado dentro de alguns dias. Eu sabia que Dave estava convivendo com certo estresse profissional, já que estava envolvido com um processo de aquisição importante; mas eu também sabia que ele era o tipo de homem que chama para si a responsabilidade porque sabe lidar, com uma habilidade admirável, com seus muitos deveres profissionais e familiares. Aquela alegação de "exaustão" parecia improvável. E era mesmo. Durante as 24 horas que se seguiram eu tentei, sem sucesso, entrar em contato com Dave. O hospital não me informava o número de seu quarto e Dave não atendia ao telefone celular. Por fim, ele me contatou através de um "número desconhecido" — assim anunciou meu celular — e se desculpou pelo desaparecimento. Pelo tom de sua voz eu percebi que algo importante estava acontecendo. Eu esperei que ele me assegurasse de pronto de que tudo estava bem. Mas ele não fez isso. Sem qualquer desculpa e em tom bastante humilde, Dave me informou que sua família o havia internado em um programa de reabilitação para álcool e drogas. Eu jamais poderia imaginar, nem mesmo em um milhão de anos, que aquele homem puritano e agregador tivesse sérios problemas de vício. Eu o conhecia bem e jamais o havia visto bêbado ou sob a influência de drogas. Para dizer ainda mais, ele era um homem bastante pio, que muito se envolvia e se comprometia com sua igreja presbiteriana no sul da Flórida.

Apesar de eu ter certeza de que Dave poderia ter usado sua inteligência e perspicácia para jogar o jogo da reabilitação e voltar rapidamente aos antigos vícios, percebi que ele estava levando aquela renovação a sério quando a primeira coisa que fez foi entregar as rédeas de seu negócio a seu sócio. Sob orientação dos médicos, ele concordou em não estabelecer um prazo imaginário para sua recuperação, além de ter sido brutalmente honesto com sua família em relação à origem e ao tamanho de seu vício. Dave revelou que estava bebendo ao ponto da embriaguez durante vários dias por semana, durante muitos anos. As viagens de negócio haviam servido de disfarce. Porém, nos últimos meses, com as pressões do trabalho estando próximas à sua casa, os familiares e os amigos notaram que começara a engordar bastante e que sempre desejava ficar sozinho durante a noite. Por fim, explicou Dave, o desejo pelo álcool e por "substâncias para usar de dia" tomaram o controle de sua vida. Ele havia temido que, cedo ou tarde, a elaborada fachada que havia criado ruiria e, agora, muito antes do que ele jamais esperara, sua habilidade para lidar com situações difíceis havia sumido.

É difícil determinar qual é a combinação de virtudes e de sorte que dão a um homem como Dave a coragem de enfrentar um problema com tanta honestidade e persistência logo na primeira vez. Já vi muitas pessoas em situações piores (enfrentando graves problemas de autoimagem, relacionamentos abusivos, vício em pornografia ou sexo, gastos descontrolados, infidelidade, depressão e distúrbios alimentares) perderem um precioso tempo negando seus problemas, culpando outras pessoas e resistindo, enfim, à mudança. Muitos fatores exercem um papel nesse processo, é claro, e acabam afetando nossas decisões, pois a história da liberdade humana é tão complexa quanto a própria diversidade da raça humana; mas o bom começo da história de Dave, que acabaria se tornando uma história de sucesso, tem uma qualidade que consigo identificar em todas as reviravoltas bem-sucedidas que já presenciei — é a qualidade de humildade espiritual.

Os Sócios Minoritários do Espírito Santo são, em essência, pessoas humildes que preparam suas almas para serem tocadas e transformadas pela graça. São homens e mulheres que reconhecem que há uma força maior, que não são essa força maior, mas que precisam dela. São pessoas humildes tocadas pela graça de experimentar essa força maior, como um Pai ou uma Mãe amorosa que os convida a ser parte de um plano maior que visa a felicidade. Não podemos confundir a humildade espiritual com alguém fraco e influenciável. A personalidade empreendedora do Tipo A que Dave possui, por exemplo, não precisa ir embora quando ele se defronta com sua própria fraqueza e com o amor de Deus. Ele se torna, simplesmente, o Sócio Minoritário que foi criado para ser, e faz aquilo que apenas os Sócios Minoritários com aquele tipo de personalidade e história pessoal são capazes de fazer.

Entregar as rédeas da nossa vida a Deus não significa sentar-se e ficar assistindo à vida passar. O verdadeiro abandono da vontade própria em favor da vontade de Deus não equivale a uma abordagem passiva; ao contrário, é necessário comprometimento para desenvolver nossos talentos e personalidade ao máximo de seu potencial, porque Deus escolheu nos usar para poder alcançar as outras pessoas. Na diversidade das nossas personalidades e habilidades e paixões, como Sócios Minoritários, juntos formamos uma bela colcha de retalhos que reflete a existência perfeita de Deus.

O processo que levou Dave a se tornar um Sócio Minoritário do Espírito Santo foi bastante notável pela profundidade e pela velocidade de sua renovação espiritual. Depois de ter admitido com sinceridade que tinha um problema, Dave dedicou-se a diversos meses de tratamento profissional. Logo ele percebeu que seu problema não era apenas psicológico ou físico. Dave percebeu que precisaria trabalhar muito em sua vida pessoal, e deu-se conta de que deveria começar pela revisão de seu relacionamento com Deus. Ele percebeu que precisaria atacar a raiz daquilo que o impelia a exagerar na bebida. Então, Dave pediu que eu o ajudasse com uma orientação espiritual regular, porém, como eu estava em Nova York e ele na Flórida, sugeri que procurasse alguém que pudesse orientá-lo mais de perto. Não obstante, enviei um rascunho que ele poderia usar como ponto de partida para sua viagem de crescimento espiritual. O rascunho incluía perguntas que poderiam ajudar a identificar sua principal fraqueza e então descobrir que virtude o conduziria ao crescimento espiritual.

A seguir, um resumo da análise que Dave fez e do plano que traçou a partir dela. Aproveito para incluir esse trabalho aqui para que sirva de exemplo concreto de alguém que levou a sério seu papel como Sócio Minoritário. Não recomendo que ninguém copie o que ele escreveu, pois todos nós temos uma jornada diferente para percorrer, mas a honestidade, a introspecção humilde e o comprometimento que Dave demonstrou são dignos de ser imitados, decerto, e podem até servir de empurrão para o crescimento espiritual de certas pessoas. (Dave usou o rascunho que ofereço em meu livro *The Promise: God's Purpose and Plan for When Life Hurts* [A promessa: o propósito e o plano de Deus para quando a vida machuca] como modelo.)

Traçando um plano para a minha vida espiritual: o plano de Dave

1. O que você apontaria como sendo o maior obstáculo para seu crescimento espiritual? Você pode chamá-lo de "pecado principal". Os três maiores pecados principais, como são identificados por alguns dos maiores mestres espirituais, são o orgulho (egoísmo), a vaidade e a sensualidade (amor desenfreado pelo prazer).

Meu pecado principal é a vaidade. Ler a descrição de o que é vaidade em seu livro *The Promise* foi assombroso e humilhante, porque eu jamais acreditei ser uma pessoa vaidosa. Mas admito que gosto de agradar as pessoas. Minha preocupação com a aparência física vai e vem, mas, definitivamente, ela existe. Sou movido pelo sucesso e enxergo meu valor próprio pela medida do sucesso que alcanço. Meu medo de falhar faz com que eu adie certas decisões e impede que eu inicie certas atividades que podem vir a fracassar, porque sei que tal fracasso seria motivo de vergonha para mim. Por vezes, minto para evitar arrumar confusão. Quero ser popular, apesar de sempre ter dito que a popularidade não é importante para mim. Mas ela é — sempre tive medo de não ser popular se admitisse a importância que isso tem para mim. Eu desejo o sucesso — chego a visualizar, a sonhar com ele —, mas o menor dos fracassos me desencoraja e me derruba emocional e espiritualmente.

2. De que forma o seu pecado principal — neste caso, a vaidade — se manifesta no seu dia a dia?

Estou sempre brincando para que as pessoas riam e fiquem próximas a mim. Isso é algo que aprendi durante minha infância, como recurso para fazer com que as pessoas gostem de mim.

Fico deprimido, chateado e bravo quando os planos para obter sucesso nos negócios não se concretizam ou quando se mostram mais difíceis de realizar do que o esperado. Muitas vezes abandono o que estou fazendo e sigo em frente.

Frequentemente escondo a verdade para evitar "magoar os outros" ou para que eu saia com uma imagem melhor do que realmente aconteceu. Por vezes também evito me posicionar para evitar que deixem de gostar de mim.

3. Qual é o objetivo espiritual para o qual Deus o está chamando a fim de que você possa combater seu pecado principal? Você pode chamar isso de "virtude antagônica". Alguns exemplos de virtudes antagônicas para os pecados principais são: para o orgulho: humildade, atitude de servidão, paciência, perdão, gentileza, obediência a Deus, generosidade, preocupação constante com os outros, caridade; para a vaidade: humildade, honestidade, tomada de decisões baseadas em princípios, amor a Deus sobre todas as coisas, caridade; para a sensualidade: tenacidade, atitude de servidão, autocontrole, pureza nos pensamentos e nas ações, moderação, abnegação.

Acredito que devo escolher a "humildade" como virtude antagônica para superar minha vaidade. Isso significa ser honesto mesmo quando a verdade me faz parecer mau, tomar decisões baseadas em princípios, amar outras pessoas por quem elas são mesmo quando não parece ser uma boa ideia, dar prioridade a minha vida de oração (ou começar a ter uma) e ir à igreja todos os domingos, e viver pelos outros, não por mim, em especial por aqueles a quem estou mais próximo, como minha esposa e minha família.

4. Quais são as ameaças que você acredita terem o poder de atrapalhar sua caminhada em direção ao cumprimento do objetivo em seu relacionamento com Deus, com os outros e em sua vida particular ou na autodisciplina?

Acredito que as ameaças que atrapalham meus objetivos espirituais são estas:

Em meu relacionamento com Deus:

- Eu não oro durante a manhã, à noite ou ao longo do dia. Deus não é uma parte ativa de minha vida.
- Considero o amor e a graça de Deus garantidos e foco no que os outros podem me oferecer.
- Ajo sem pensar ou levar em conta o plano e a vontade de Deus para minha vida, abusando, assim, do meu corpo, da minha mente, do meu coração e de minha espiritualidade.

Em meu relacionamento com os outros:

- Permito que as coisas das quais discordo ou que sinto serem falsas, prejudiciais ou erradas sigam intactas — eu "engulo" essas coisas —, muito por conta do medo de entrar em confronto e por conta do medo de que não gostem de mim. Como consequência, esses "deslizes" se amontoam e acabam matando o que há de melhor em mim.
- Eu brinco demais, mesmo em situações sérias, sem discernir quando devo parar e oferecer alguma outra forma de apoio ou de caridade para com as pessoas com quem estou lidando.
- Muitas vezes acabo paquerando outras mulheres e, apesar de nada impróprio jamais ter acontecido, sei que esse comportamento não é condizente com o respeito à minha mulher e que não traz os relacionamentos espirituais e satisfatórios que posso ter com outros.

Na minha vida particular (autodisciplina):

- Fico remoendo problemas, deslizes pessoais e falhas que meus empregados cometem ao seguir minhas ordens. Acabo deixando que esses problemas se amontoem e fiquem grandes demais.
- Perco muito tempo sonhando com o sucesso em vez de trabalhar os pequenos detalhes que são necessários para chegar lá.
- Fico sonhando com diversas possibilidades ou situações pelas quais eu seria popular ou que fariam com que as pessoas gostassem de mim.

5. Que estratégias você pode adotar para enfrentar essas ameaças e avançar na direção de seus objetivos espirituais?

Eis aqui o que decidi fazer para me tornar um Sócio Minoritário do Espírito Santo melhor, conforme trabalho em direção ao objetivo espiritual para o qual sei que Deus está me convidando:

Em meu relacionamento com Deus:

- Vou usar um pequeno livro de orações que um amigo do trabalho me deu. Antes de o dia começar ou terminar, vou fazer uma oração desse livro. Também vou ler um salmo por dia, além da oração que Isabel fez quando cumprimentou a mãe de Jesus. Isso vai fazer com que eu pense mais em Deus e irá melhorar meu relacionamento com Ele.
- Quando eu estiver trabalhando em meus projetos, vou fazer uma pausa, agradecer a Deus por sua misericórdia e pedir que Ele me dê força.
- Além de frequentar a igreja, vou devotar as manhãs de domingo à leitura da Bíblia e de outras obras sagradas.

Em meu relacionamento com os outros:

- Não vou mais exagerar minhas vitórias e sucessos pessoais. Não vou mais concordar com a posição de outras pessoas apenas por medo; em vez disso, vou debater de maneira respeitosa quando a ocasião assim exigir.

- Vou tentar fazer um julgamento melhor sobre quando é apropriado brincar, e vou procurar maneiras de fazer elogios e comentários positivos, além de oferecer ajuda aos outros.
- Vou lutar para dar mais de meu tempo e apoio àqueles que estão mais próximos de mim, a começar por minha esposa e minha família.

Na minha vida particular (autodisciplina):

- Vou gastar meu "tempo mental" — o tempo que geralmente uso para sonhar — orando, meditando sobre as palavras de Jesus e aprendendo a gravar a mensagem Dele em meu coração.
- Sempre que eu começar a ser tentado pela vaidade ou começar a agir de forma vã, vou purificar meus pensamentos: vou parar o que estiver fazendo, pensar em Deus e em seu plano para a minha vida.
- Vou compartilhar meus pensamentos e minhas dificuldades com as pessoas próximas a mim e vou parar de fingir ser algo que não sou.

Talvez você tenha ficado impressionado com quão prático e detalhado é o plano espiritual de Dave — quase como um plano de negócios para a alma. Como dito anteriormente, ele seguiu um plano para o progresso espiritual apresentado em meu primeiro livro, *The Promise*. Essa abordagem pragmática funciona bem para algumas pessoas, mas não tão bem para outras. No entanto, todos nós podemos admirar o esforço de Dave para reconhecer suas falhas e oferecer a Deus sua mente, seu coração e seu corpo, preparados para receber a graça divina.

Dave tem observado as promessas que ele fez para Deus e para si mesmo. O caminho não tem sido fácil, e ele jamais admitiria ter chegado ao fim. Mas sua cura interior tem sido tão real quanto sua recuperação dos vícios. Ele experimentou a graça de Deus de maneira bastante intensa e, acima de tudo, tem trabalhado em seu crescimento espiritual todos os dias.

A seguir, um poema que Dave dedicou a Deus e enviou a mim do seu quarto no hospital. Ele revela outra face da mesma humildade espiritual:

Onde você estava em toda a minha vida?
Onde estava você?
Você esteve ao meu lado o tempo todo.
Eu já o havia encontrado, mas, então, o esqueci.
Você esteve comigo o tempo todo.
Não cheguei a falar muito com você,
Eu nunca disse que te amava.
Eu o desonrei e o amaldiçoei.
Mas lá estava você, o tempo todo.
Você viu minha dor.
Sentiu minha confusão.
Você chorou por mim.
Durante todo o tempo, você não sumiu, nunca me deixou.
Você estava lá para mim.
Sempre esteve.
Sempre estará.
Eu amo você, Jesus.
Eu amo você.

Seja através do crescimento espiritual gradual e contínuo (o jeito mais fácil), ou chegando ao fundo do poço e se voltando para Deus (como foi com Dave), ou pela persistência para chegar ao topo do sucesso mundano e descobrindo que não há sucesso nisto (pense em alguns executivos e em algumas celebridades de Hollywood), a pessoa que é espiritualmente humilde se percebe ajustando seu comportamento e suas atitudes às maneiras de Deus, a quem ela reconhece como Pai amoroso e benevolente que está ao seu lado.

Eu convido você a iniciar uma Sociedade Minoritária com o Espírito Santo, agora mesmo, enquanto você ainda está descobrindo as atitudes que Deus deseja que você tenha para se aproximar do plano divino para a felicidade. Primeiro, peça a Deus que lhe permita aceitar profundamente, como sugeri, seu papel de se tornar uma pessoa cheia do Espírito, como ele sempre quis que você fosse. Depois, ouça os sussurros do Espírito Santo nas páginas deste livro conforme ele o convida a abandonar os padrões de pensamento e comportamento limitantes e os substitui por novos padrões de pensamento e pelo estilo de vida dos santos vivos, que são as pessoas mais felizes do mundo.

CAPÍTULO 2

Fazendo o caminho reto

Quando penso em João Batista, imagino um sujeito barbado, vestido em roupas feitas de couro de animais, comendo gafanhotos no deserto e berrando como um louco coisas que ninguém queria escutar: "Arrependam-se!", "Abram caminho para o Senhor", "Façam reto o caminho!" Sim, admito que a imagem que tive na maior parte de minha vida do primo de Jesus, João, não é nada inspiradora. No entanto, ela também é bastante incompleta, pois ele também deve ter tido qualidades fabulosas. Sabemos que muitas pessoas se juntavam para ouvi-lo — e, quando assim procediam, ficavam tão emocionadas a ponto de ficarem com "grande expectativa" (Lucas 3:15, NVI). João fez tudo que estava ao seu alcance para avisar ao povo que ele não era aquele que o povo estava esperando. Ele chegou a ponto de dizer que ele era tão inferior ao Messias, cuja vinda ele fora compelido por Deus a anunciar e preparar, que era indigno mesmo de desamarrar suas sandálias!

Talvez tenha sido a humildade de João que fez dele um profeta tão atraente e crível. As pessoas sabiam que algo de especial estava acontecendo, e — Messias ou não — pessoas de diferentes camadas sociais buscavam seu conselho destemido e humilde. Tais pessoas desejavam saber *o que deveriam fazer* para estar prontas para a vinda do Messias. Elas queriam saber como se preparar para a ajuda de Deus, que João prometia já estar a caminho. João foi direto para com o povo:

> "O que devemos fazer então?", perguntavam as multidões. João [Batista] respondia: "Quem tem duas túnicas reparta-as com quem não tem nenhuma; e quem tem comida faça o mesmo." Alguns publicanos* também vieram para serem

---

* Publicanos são cobradores de impostos. (N. do E.)

> batizados. Eles perguntaram: "Mestre, o que devemos fazer?" Ele respondeu: "Não cobrem nada além do que lhes foi estipulado." Então alguns soldados lhe perguntaram: "E nós, o que devemos fazer?" Ele respondeu: "Não pratiquem extorsão nem acusem ninguém falsamente; contentem-se com o seu salário." (Lucas 3:10-14, NVI)

O Evangelho diz: "Alguns publicanos *também* vieram." Estou usando este exemplo para mostrar que a maioria das pessoas que buscavam o conselho de João Batista era bastante parecida conosco, pecadores menos notáveis, mas, não obstante, uma bagunça só: pais e mães cansados, professores frustrados, estudantes ansiosos, solteiros desesperados, cônjuges descontentes, homens de negócios atarefados, arquitetos, clérigos e carpinteiros cujas vidas sentiam a falta de um ou dois tipos de mudança. Você não consegue ouvir a voz áspera de João (afinal, ele comia gafanhotos) dizer uma verdade simples para cada um de nós? A nossas perguntas sobre o que devemos fazer, ele responde: "Tome a parte da sua vida que você sabe que está fora do trilho e coloque-a no lugar. Faça o que você sabe que tem de fazer, e faça agora!"

João não precisou explicar suas ordens. Ele não precisou dizer aos soldados o porquê de não praticarem extorsão ou acusarem as pessoas falsamente. Ele também não precisou dar ao publicano um curso de ética nos negócios. Ele apenas ordenou que parassem de defender seus comportamentos errados e começassem a fazer o que era certo. Ele ordenou que parassem de fingir e passassem a ser verdadeiros. Disse para eles aguentarem o tranco e pagarem o pequeno preço de começar de novo, mas com o pé direito.

João Batista tinha a capacidade de ser sucinto e direto porque ele sabia que Deus havia imprimido, em cada uma das almas, um conhecimento básico do certo e do errado — algo que os filósofos vieram a chamar de "lei da natureza". Esse senso inato do certo e do errado é válido para todos os seres humanos, independentemente da formação cultural ou religiosa. Nem sempre sabemos em minúcias qual é o plano de Deus para nós e muitas vezes não conseguimos sair do pântano em que afundamos, mas se reservarmos algum tempo para refletir com a honestidade que João pregava a seus seguidores será possível distinguir claramente o certo do errado, e conseguiremos, pelo menos, apontar o navio na direção correta enquanto esperamos que a graça de Deus nos ajude e guie até portos mais calmos. Deus quer que deixemos o pântano para trás e entremos no lugar perfeito (física, emocional, financeira, relacional e espiritualmente) que ele preparou para nós. Mas João conhecia seu primo Jesus — ele o conhecia bem o bastante para saber que Ele jamais direcionaria o sucesso e a redenção para um coração relutante. Por tal motivo, João avisava as pessoas, contínua e incessantemente, que elas deveriam fazer *alguma coisa* para mostrar a Jesus que estavam prontas e preparadas para que Ele realizasse um milagre dentro delas.

Ainda hoje, observando um respeito profundo e misterioso por nosso livre-arbítrio, Jesus espera por um sinal para que possa nos ajudar. Pelo que já pude testemunhar, na minha vida e na vida de outras pessoas, quase qualquer sinal que seja sincero o bastante serve — apanhe a Bíblia e peça a Deus por inspiração, ofereça de coração uma oração de súplica pela ajuda de Deus ou peça a Deus para receber o dom da fé.

João Batista foi um grande divulgador da autoajuda, como vimos, e com a mesma intensidade foi inflexível em apontar a nossa inabilidade de conseguir por esforço próprio a plenitude do plano de Deus para nós. Ele batizava as pessoas na água como sinal de arrependimento pelo modo de vida anterior e para sinalizar um novo começo. É de observar, no entanto, que o tempo todo ele lembrava a seus seguidores — os mesmos que ele batizava — que aquilo que estava fazendo por eles não era o suficiente. Aquele gesto não os iria salvar. Não traria a vida eterna. Não serviria nem mesmo para satisfazer os desejos intensos dos corações humanos, desejos que as pessoas buscavam sem sucesso e sem um objetivo, apenas perseguindo suas escolhas egoístas. O povo precisava de um Messias. Eles precisavam de Jesus.

João respondeu a todos: "Eu os batizo com água. Mas virá alguém mais poderoso do que eu, tanto que não sou digno nem de curvar-me e desamarrar as correias das suas sandálias. Ele os batizará com o Espírito

Santo e com fogo (...)." E com muitas outras palavras João exortava o povo e lhe pregava as boas-novas. (Lucas 3:16-18, NVI)

> Por que é que João prometia o batismo no Espírito? Quais eram as boas-novas que ele estava pregando "com muitas outras palavras"? Jesus responde essas perguntas quando ele diz a um homem bom e sincero chamado Nicodemos: "Digo-lhe a verdade: ninguém pode entrar no Reino de Deus se não nascer da água *e do Espírito.*" Depois, acrescenta: "Não se surpreenda pelo fato de eu ter dito: é necessário que vocês nasçam de novo." (João 3:5,7, NVI)

Tornar-se uma pessoa cheia do espírito equivale a, em essência, ser batizado no Espírito de Deus. Isso acontece através da Cura Divina pela fé, pela esperança e pelo amor. Os próximos capítulos deste livro irão demonstrar como esse batismo no Espírito pode acontecer para nós, como podemos abrir nossa alma e permitir que Deus faça sua parte em nos libertar dos padrões de pensamento e comportamento limitantes e autodestrutivos, ou seja, como pode nos ajudar a ser tudo aquilo que Ele nos criou para ser. Mas esse milagre, essa cura, ainda depende da autoajuda que João Batista exigia de seus discípulos. O plano de autoajuda de João Batista estava baseado na honestidade radical sobre o passado e o presente da pessoa e na firme convicção com a mudança e com a vontade de se corrigir através da ajuda da graça de Deus.

Podemos extrapolar o plano de João Batista traçando seis passos na direção do que a autoajuda exige de nós. Podemos chamar esses seis passos de processo para Fazer o Caminho Reto, tomando emprestado o mantra que João Batista utilizava para com o povo afim de preparar o caminho para o Senhor. Esses passos representam uma preparação para o milagre que Deus está esperando para realizar em nós. Não importa qual a situação da sua vida, não importa o que está segurando você, esses passos servem para qualquer pessoa. Eu guardo sempre uma cópia deles em minha mesa e todo dia faço questão de lê-los e renovar meu compromisso com eles.

Fazendo o Caminho Reto

1. Faça um inventário moral completo e sincero de sua vida.
2. Admita para Deus, para você mesmo e para outras pessoas a exata natureza de seus erros e sua impotência diante deles.
3. Entregue sua vontade às mãos de Deus e viva na confiança de que Ele o irá restaurar.
4. Comece a viver o chamado Novo Mandamento: "Amem-se uns aos outros como eu os amei" (João 15:12, NVI).
5. Faça as pazes com as pessoas que você machucou ao longo do caminho na busca por seus interesses egoístas.
6. Crie e siga um plano prático para se manter responsável diante de Deus e das outras pessoas.

Deus irá nos acompanhar e dar forças para que possamos dar conta desse trabalho, mas Ele jamais irá realizar nenhuma dessas tarefas por nós. Se, por conta do medo ou da vergonha, procurarmos um atalho e pularmos algum desses passos, os frutos espirituais da fé, da esperança e do amor que Deus está esperando para dar irão minguar. O crescimento no Espírito de Deus irá cessar. Podemos até nos tornar pessoas melhores, mas não ficaremos cheios do Espírito e a felicidade jamais será completa.

Quem está familiarizado com os ensinamentos dos Alcoólicos Anônimos irá reconhecer no programa citado uma reflexão parcial do programa de doze passos da entidade. Ainda que você nunca tenha lutado contra um vício físico, todos nós somos dependentes de alguma coisa, ou de alguém, ou de uma série de pensamentos ou comportamentos que limitam a liberdade espiritual. Somos menos preenchidos pelo Espírito Santo do que poderíamos ser porque repetidas vezes fazemos coisas e cultivamos pensamentos que sabemos, através de uma reflexão honesta, que não são bons para nós. Mas por que não conseguimos abandonar esses padrões? Ainda, de forma mais dolorosa para os cristãos, perguntamos: "Por que Jesus não faz com que essas coisas ruins sumam quando pedimos a Ele?"

O único pré-requisito para ser um Sócio Minoritário do Espírito Santo é a disposição para colocar mãos à obra e fazer o caminho reto para o Senhor. A melhoria individual começa com o processo bastante humano da conversão ou do arrependimento da maneira anterior de agir, ato este que serve para preparar para a vida no Espírito.

Eu não conhecia Jim muito bem, mas, além de vê-lo quase todos os domingos no penúltimo banco da igreja, parcial e convenientemente escondido da minha vista e do meu sermão atrás de uma grande coluna de estilo gótico, nós sempre nos encontrávamos nos lugares mais improváveis e nas mais diversas situações — em um campo de golfe em outro estado, em uma calçada em um bairro distante de Manhattan e em uma igreja em Ohio, enquanto eu visitava alguns parentes. Nossos encontros eram sempre cordiais e fazíamos piada sobre termos as coordenadas de GPS um do outro programadas no celular.

Era uma tarde de domingo quando o e-mail dele apareceu na tela do meu iPhone. Eu não reconheci de imediato o nome do remetente, mas depois de ler a primeira linha do e-mail — "Talvez você não se lembre de mim, mas sou o cara que você sempre encontra fora da igreja" — soube exatamente quem ele era. Depois de ler a segunda linha, preparei-me para o que imaginei que seria uma história angustiante: "Estou escrevendo para você porque eu não sabia quem devia procurar."

Jim começou a falar sobre seu problema contando que estava saindo com uma mulher havia seis meses e que a amava muito. Ela também o amava e eles chegaram até a falar em casamento. Ambos estavam na casa dos trinta anos e já haviam namorado muito, sempre se perguntando por que os relacionamentos que iniciavam não davam certo. Porém, este era diferente para ambos: mesmo depois de pouquíssimo tempo, não conseguiam mais se imaginar vivendo um sem o outro.

Mas havia um problema, que vinha crescendo cada vez mais. Jim assim o descreveu: "Sou um mentiroso compulsivo e Samantha está perdendo a paciência." Jim explicou no e-mail e, depois, pessoalmente, a natureza de suas mentiras. Nada de terrível havia acontecido entre ele e Samantha. Ele não havia sido infiel ao relacionamento e ela sabia de todos os fatos importantes do passado e do presente dele; porém, quase todos os dias, Samantha o apanhava exagerando, encobrindo ou simplesmente inventando histórias. Nenhuma das mentiras que ele contava tinha muita importância, mas, sempre que estava diante de algum momento importante, Jim simplesmente não conseguia evitar descrever uma versão mais romanceada e falsa da realidade. O ato de mentir era quase automático, como se fosse um reflexo. Apesar de Jim sempre contar a verdade para Samantha quando ela o pressionava, Samantha via aquilo tudo de um jeito diferente: quanto mais tola fosse a mentira, pior era, pois significava que Jim pretendia machucá-la sem qualquer motivo aparente. Também significava que ele não merecia a confiança dela.

Daqui a pouco voltaremos à história de Jim e Samantha, que está repleta de autoajuda e de ajuda divina que os levaram à liberdade espiritual, mas, antes, vamos comparar a atitude de Jim diante da verdade com um dos meus personagens prediletos da Bíblia:

> Jesus entrou em Jericó, e atravessava a cidade. Havia ali um homem rico chamado Zaqueu, chefe dos publicanos. Ele queria ver quem era Jesus, mas, sendo de pequena estatura, não o conseguia, por causa da multidão. Assim, correu adiante e subiu numa figueira para vê-lo, pois Jesus ia passar por ali. Quando Jesus chegou àquele lugar, olhou para cima e lhe disse: "Zaqueu, desça depressa. Quero ficar em sua casa hoje." Então ele desceu rapidamente e o recebeu com alegria. Todo o povo viu isso e começou a se queixar: "Ele se hospedou na casa de um 'pecador'." Mas Zaqueu levantou-se e disse ao Senhor: "Olha, Senhor! Estou dando a metade dos meus bens aos pobres; e se de alguém extorqui alguma coisa, devolverei quatro vezes mais." Jesus lhe disse: "Hoje houve salvação nesta casa! Porque este homem também é filho de Abraão. Pois o Filho do homem veio buscar e salvar o que estava perdido." (Lucas 19:1-10, NVI)

O que sabemos sobre Zaqueu? Muita coisa, para falar a verdade. De cada um dos detalhes que Lucas dá sobre esse homem, podemos deduzir outros detalhes e fazer um belo retrato de sua personalidade e do estado de seu coração.

Zaqueu era chefe dos publicanos e era rico.

Durante os tempos do império romano, os publicanos, ou coletores de impostos, eram a escória da escória: eram judeus que coletavam dinheiro de seu próprio povo e entregavam para os pagãos opressores.

Publicanos *ricos*, como Zaqueu, eram aqueles especialmente capazes de coletar mais do que era devido. Zaqueu não era apenas rico, mas era o *chefe* dos publicanos, o que significa que ele sabia gerenciar e manipular outros traidores desavergonhados. Esse homem era astuto e não podia se importar menos com o que seu próprio povo pensava dele.

> Zaqueu queria ver quem era Jesus, mas, sendo de pequena estatura, não o conseguia, por causa da multidão. Assim, correu adiante e subiu numa figueira para vê-lo, pois Jesus ia passar por ali.

Todas as pessoas daquela região haviam escutado sobre Jesus de Nazaré e sobre os grandes milagres que Ele estava realizando. Também haviam escutado sua mensagem de que era o Messias, o Filho de Deus, que havia vindo para a terra para conduzir todos os homens e todas as mulheres ao arrependimento e à salvação. Sabendo disso e sabendo muito bem da vida de pecado e de moral questionável que havia escolhido para si mesmo, Zaqueu ainda assim desejava ver Jesus — na verdade, ele queria tanto ver Jesus que correu e subiu em uma árvore. Ele não se importou que zombassem dele por ele ser "de pequena estatura"; ele não se importou com o risco de ser chamado de hipócrita espiritual ou mesmo que o apontassem para Jesus como exemplo de um pecador. Zaqueu tinha um palpite (uma inspiração?) de que aquele homem chamado Jesus era importante para ele e fez uso de sua mente astuta para determinar com exatidão o caminho de Jesus, "pois Jesus ia passar por ali". Zaqueu tomou a decisão de fazer a sua parte.

> Quando Jesus chegou àquele lugar, olhou para cima e lhe disse: "Zaqueu, desça depressa. Quero ficar em sua casa hoje." Então ele desceu rapidamente e o recebeu com alegria.

Enquanto Zaqueu estava fazendo sua parte para encontrar Deus, vemos aqui que a graça de Deus estava operando. Jesus chamou Zaqueu pelo nome. Ele não o chamou de coletor de impostos; Ele não o chamou de ladrão, Ele nem mesmo verbalizou como Zaqueu estava engraçado engalfinhado em uma árvore, com todos aqueles anéis e correntes de ouro pendendo de seu pescoço curto, que tentava se esticar. Jesus o chamou *pelo nome*. Essa foi a pista que Zaqueu enxergou de que Jesus o conhecia por dentro e por fora e, por isso, sabia que o coração de Zaqueu estava preparado. Eu amo o modo como Jesus se apressa para tirar vantagem desse coração aberto e honesto: "Desça depressa. Quero ficar em sua casa hoje." Imagino Zaqueu pulando, desengonçado, baixinho, com suas pernas atarracadas, cobrindo as mãos de Jesus com as suas: "Ele desceu rapidamente e o recebeu com alegria", diz o Evangelho. A maioria de nós, no lugar de Zaqueu, teria ficado preocupada com o estado do lar. Iríamos querer algum tempo para poder esconder o injusto recolhimento de dinheiro da noite anterior em um esconderijo na parede. Iríamos nos preocupar em impressionar, ou talvez distribuir algumas cotoveladas pela multidão dos fiéis, muitos dos quais fariam qualquer coisa para jantar com Jesus. Mas não Zaqueu. A vida daquele homem era um livro aberto — um livro bem sujo, mas aberto. Aparentemente, esse é exatamente o tipo que Jesus ama. Como conclui o relato, "o Filho do homem veio buscar e salvar o que estava perdido".

> Todo o povo viu isso e começou a se queixar: "Ele se hospedou na casa de um 'pecador'."

Apesar da lição sempre óbvia de Jesus que falava sobre quem seria salvo — não o perfeito, mas o honesto e disposto —, os seguidores de Jesus não compreendiam. Eles não compreendiam a lição porque não sabiam que eram pecadores! Eles se queixaram: "Ele se hospedou na casa de um 'pecador'." Nem mesmo o Filho de Deus consegue operar o milagre de ser um hóspede na casa dessas pessoas, de entrar na vida delas, de curar as feridas, de dar a essas pessoas o presente da redenção — porque, na mente de tais pessoas, elas não estavam perdidas. Essa multidão amava Jesus como um ornamento no altar da adoração a si mesmo.

> Mas Zaqueu levantou-se e disse ao Senhor: "Olha, Senhor! Estou dando a metade dos meus bens aos pobres; e se de alguém extorqui alguma coisa, devolverei quatro vezes mais."

Jesus sabia que Zaqueu estava sendo honesto porque podia ler os corações. Nós sabemos que Zaqueu foi honesto porque podemos ver como ele transformou sua vida. No segundo capítulo do livro de Tiago, lemos: "Assim como o corpo sem espírito está morto, também a fé sem obras está morta" (Tiago 2:26, NVI). Se o novo compromisso de Zaqueu é uma medida de sua fé, então sua fé se mostrou muito viva e imensa. Primeiro, ele se dispõe a dar metade do que tem aos pobres, depois, se dispõe a pagar de volta todas as pessoas a quem ele extorquiu — e não apenas devolver a mesma quantia, mas quatro vezes mais! Fica claro que ele está disposto a contrair dívidas e que terá que encontrar outro emprego para sobreviver!

E Jesus lhe disse: "Hoje houve salvação nesta casa!"

O pesado compromisso que Zaqueu faz para se corrigir quase desaparece quando comparado ao valor da vida eterna que Jesus dá a ele. É incrível pensar que o presente de Jesus não foi dado a Zaqueu como retribuição por sua decisão, nem por qualquer outra condição que se possa apontar. Não houve uma troca recíproca aqui, como sempre buscamos nas relações humanas. O presente de Jesus foi gratuito, como continua sendo para qualquer pessoa que tenha o coração honesto e aberto de Zaqueu, qualquer pessoa que esteja disposta a dar um sinal para Jesus de que ele é um hóspede muito bem-vindo da própria alma.

Vamos dar uma olhada nos seis passos para Fazer o Caminho Reto que conhecemos neste capítulo e ver como eles se refletem na história de Zaqueu:

Fazendo o Caminho Reto: Zaqueu

1. *Zaqueu fez um inventário moral completo e sincero de sua vida?* Sim, ele refletiu clara e profundamente sobre cada aspecto de sua vida durante todo o seu encontro com Jesus. Ele não tentou usar nenhum disfarce.
2. *Zaqueu admitiu para Deus, para ele mesmo e para outras pessoas a exata natureza de seus erros e sua impotência diante deles antes de conhecer Jesus?* Sim — ele admitiu ser um tremendo trapaceiro!

3. *Zaqueu acreditou, ou, ao menos, estava aberto à ideia de que Jesus poderia restaurá-lo?* Sim — primeiro ele fez a escolha de ir ver quem era o tal Jesus, depois, recebeu-o abertamente em sua casa.
4. *Zaqueu tomou a decisão de viver o chamado Novo Mandamento de amar os outros como Jesus nos amou?* Sim — ele se levou à pobreza por causa do amor que tinha por seus semelhantes e confiou que Deus tomaria conta de todas as suas necessidades.
5. *Zaqueu expressou uma vontade de fazer as pazes com as pessoas que machucou ao longo do caminho na busca por interesses egoístas?* Sim — sem dúvida e em grande medida.
6. *Zaqueu criou e seguiu um plano prático para se manter responsável diante de Deus e das outras pessoas em suas ações futuras?* Sim — é quase certo que ele tenha contado aos apóstolos sobre o maravilhoso jantar com Jesus e sobre os compromissos que havia assumido. Fosse de outro modo, nem Lucas nem nós jamais teríamos conhecimento de sua história. Podemos imaginar que ele tenha se tornado um membro da inicial comunidade da Igreja e que tenha encontrado apoio para suas decisões nessa comunidade.

Vamos voltar para Jim e Samantha, em cuja história encontramos um testemunho atual do poder da mesma autoajuda divina que vimos na história de Zaqueu. Durante nosso segundo ou terceiro encontro, apresentei Jim ao processo de Fazer o Caminho Reto, o melhor ponto de partida para começar a jornada de toda uma vida sendo Sócio Minoritário do Espírito Santo. É aqui que todos nós começamos, sem importar quão perto ou longe estamos de ser imersos e de caminhar com a ajuda de Deus através do "batismo do Espírito" — a vida do desabrochar que homens e mulheres de Deus encontram através da Cura Divina, que também chamo de Cura pela Fé-Esperança-Amor.

A coragem para reconhecer nossas falhas como elas são, para descrevê-las com clareza absoluta e para admitir para nós mesmos, para Deus e para as outras pessoas que somos impotentes diante de tais falhas (a obra dos primeiros dois passos) não é algo que surge de maneira espontânea. Muitas pessoas brilhantes vivem negando o apego a padrões de comportamentos prejudiciais durante a maior parte de sua vida, quando não por toda a vida. Você já ouviu alguém casado dizer: "Eu sei que ele [ela] nunca vai mudar"? Às vezes, isso é verdade. A clareza do raciocínio e a coragem requerem muita disposição para confrontar os demônios internos, e certas pessoas jamais conseguem fazer isso. Não é pequeno o número de pessoas que só consegue passar pelos dois primeiros passos do processo de preparação depois que um grande incidente deixa o orgulho pessoal arrasado, ou através da intervenção de um amigo sincero, ou por uma excepcional graça de Deus.

Eu quis voltar à história de Jim e de Samantha porque não conseguimos imitar o grande ato de humildade e confiança em Jesus (passos 3 e 4) de Zaqueu, nem sua generosidade admirável (passos 5 e 6) sem a ajuda do Espírito Santo. Era isso que faltava a Jim e a Samantha — um milagre, um pequeno milagre realizado pelo Espírito Santo.

O medo de perder Samantha serviu de catalisador para Jim despertar para seu problema. Ele não teria me contatado se não tivesse ao menos tentado fazer um inventário moral de sua vida e reconhecido algumas falhas nele. Porém, como o tempo haveria de mostrar, esse inventário não fora de todo *completo* e *sincero*. Nos meses que se seguiram, Samantha e Jim terminaram e reataram muitas vezes. Jim tentava dar piruetas, ainda que piruetas espirituais, para mostrar a Samantha que ele era um novo homem. Não obstante, ele continuava mentindo sobre coisas banais, obedecendo a seu hábito aparentemente incontrolável. A insegurança de Samantha fazia com que ela continuasse voltando para Jim mesmo depois de prometer a ele e para si mesma que jamais tornaria a falar com ele.

No centro da insegurança de Samantha estava o pensamento de que ela precisava de tudo ou nada. Ela estava esperando um Jim perfeito, alguém que fosse sempre verdadeiro e que sempre a fizesse feliz, ou, então, era melhor não ter nada. Ela precisava que outra pessoa a fizesse feliz e estava convencida de que outra pessoa imperfeita e insegura, como ela mesma era, jamais conseguiria cumprir tal expectativa. Porém, quando estava sozinha e se sentia desamparada, percebia que estar longe de Jim era ainda mais difícil do que estar com ele, pois, sozinha, se sentia ainda mais insegura.

Muitos casais como Jim e Samantha passam décadas brigando. Um parceiro não deixa o outro, porque pensa que, um dia, a pessoa amada será "consertada" e que tudo ficará bem. Mas é apenas quando ambos os parceiros fazem o caminho reto que encontram a paz em viver com uma pessoa imperfeita, ou de seguir adiante em um relacionamento mais saudável. Veremos mais tarde como termina a história de Jim e Samantha.

É importante notar que essa ajuda divina no processo de fazer o caminho reto não é a Cura pela Fé-Esperança-Amor em si. Trata-se apenas de um convite e um suporte de Deus enquanto preparamos a nossa natureza para ser transformada pela graça divina. Em outras palavras, se você já começou a fazer o caminho reto e já desfruta de uma nova liberdade, pode ter certeza de que há muito mais para vir através da Cura Divina.

Temos mais um passo, no entanto, a percorrer antes de podermos mergulhar no entendimento da Cura pela Fé-Esperança-Amor. O que acontece quando empacamos e não conseguimos fazer o caminho reto de jeito nenhum, mesmo quando queremos? Ao longo da minha experiência clerical, tenho observado pessoas que, apesar de possuírem uma grande vontade de se afastar dos padrões de comportamento destrutivos, simplesmente *não conseguem*. Alguma coisa age para impedir. É como se houvesse uma força maior do que a própria pessoa a impedir a ação da verdadeira autoajuda. Essa força existe de verdade. No próximo capítulo, vamos falar sobre como buscar a libertação da influência de Satã, que tenta nos arrastar com a força de suas mentiras.

CAPÍTULO 3

Desatolando

A transformação interna e divina não acontece de modo idêntico em todas as almas. Para algumas pessoas, o desenvolvimento de mecanismos naturais de autoajuda como a honestidade, o trabalho duro, a autodisciplina, o gerenciamento da mente e da imaginação e a força de vontade levam naturalmente para o domínio da ajuda divina, que, por sua vez, rapidamente confere a liberdade e a felicidade que Deus está esperando para dar. Outras pessoas, no entanto, experimentam dificuldades em cada passo que tentam dar. Elas se sentem atoladas e impotentes, mesmo depois de terem desenvolvido de forma admirável algumas virtudes humanas por meio do processo de fazer o caminho reto e depois de entregar a vida à graça de Deus através da Cura Divina. Quando isso acontece, acabamos nos perguntando: “Por que é que eu ainda ajo assim?”, “Por que é que eu penso e falo assim?”, “Por que não consigo deixar de ser fútil, medrosa, tímida e egoísta?”, “Por que é que não sou feliz?!”

Esse bloqueio dá a sensação de impotência diante do pensamento e dos padrões de comportamento negativos. Quando ficamos atolados, *sabemos* o que é o certo e, mesmo assim, fazemos o oposto. Ainda que a pessoa queira acreditar, confiar e amar, simplesmente não consegue; ou, então, as virtudes teológicas são tão fracas dentro da pessoa que mal podem ser consideradas transformadoras.

O DIABO

Quando ficamos atolados na vida espiritual e não sabemos a razão, um bom início para começar a investigar é sempre o diabo, também conhecido pelo nome de Satã. Inimigo da alma, ele se empenha sempre em garantir a nossa morte.

Não fiz qualquer menção ao diabo antes porque acredito que um de seus subterfúgios é fazer-se mais interessante do que realmente é. Se dermos muito crédito à influência que ele exerce sobre nós, seremos tentados a desviar os olhos de Jesus. Não obstante, é importante levar em conta o desejo e a estratégia que o diabo usa quando busca a destruição das almas. A existência e a ação do diabo no mundo é um ensinamento fundamental do cristianismo, ainda que você não ouça muito sobre ele quando diante do púlpito. Se ignorarmos esse ensinamento, jamais conseguiremos compreender o que é que está acontecendo ao redor.

Jesus descreve o diabo como o pai da mentira, porque o diabo diz coisas sobre nós, sobre os outros e sobre o significado da vida que não são verdadeiras. "[Ele] não se apegou à verdade", diz Jesus, "pois não há verdade nele. Quando mente, fala a sua própria língua, pois é mentiroso e pai da mentira" (João 8:44, NVI). É provável que você não pense muito a respeito do diabo e das ações dele em sua vida, e talvez essa seja uma escolha saudável. Mas você acredita que ele está interessado em sua alma? Você acredita que ele perambula pelo mundo, "procurando a quem possa devorar" (1 Pedro 5:8, NVI)?

Foi com muita curiosidade que descobri em alguns círculos não religiosos uma crença e consciência agudas nesse mal sobrenatural, "o lado escuro", e até mesmo no diabo. Há alguns anos, fui convidado para prestar uma pequena consultoria para uma produção de Hollywood que envolvia uma cena de exorcismo — o tradicional ritual da Igreja Católica em que um ministro devidamente preparado pede a Deus que liberte uma pessoa de uma possessão demoníaca. Depois de me certificar que o diretor e os produtores estavam interessados em retratar a cena de maneira honesta e respeitosa, concordei em colaborar com meus conselhos. (Não permiti, no entanto, que usassem meu nome porque eu não queria me afiliar a um projeto cujo conteúdo não estaria sob meu controle.) Nós nos encontramos em uma área pouco iluminada no último andar de um antigo hotel em Roma. Um canto daquele lugar fora separado para meu encontro com o diretor, com o produtor executivo e com o ator principal. Então, sentamos todos em sofás que ficavam ao redor de uma mesa de mármore. O lugar estava repleto de outras pessoas, mas deduzi que as únicas pessoas interessadas no assunto éramos nós.

Durante as formalidades iniciais e os cumprimentos, esperava poder ter alguma ideia de quem eram as pessoas com quem eu estava trabalhando. O ator principal foi quem ofereceu a oportunidade perfeita, quando perguntou: "E então, como podemos chamá-lo — 'Jonathan', 'padre'...?"

"Se lhe agradar, pode me chamar de padre Jonathan", respondi. Foi quando me aproveitei daquela abertura para perguntar sobre a formação religiosa *deles*. Então, fiquei sabendo que um vinha de uma "cultura judaica" e que os outros não seguiam "nada em particular".

Tão logo nós nos sentamos, o diretor foi direto ao ponto: "Você acredita no diabo, padre Jonathan?"

"Sim, acredito", respondi.

"Você crê que ele tem o poder de possuir uma pessoa?"

"Sim, eu já vi acontecer, apesar de ser muito raro."

"Por que isso é assim tão raro?"

"Bem, porque geralmente ele é mais inteligente. Ele se envolve na nossa vida sem ser detectado e trabalha sem parar para nos desviar, para nos afastar de Deus."

Com o canto do olho, notei que duas ou três pessoas haviam chegado perto do canto onde estava a mesa, quase que bem atrás de mim. Com um aceno, informei sobre a presença deles ao produtor executivo. Ele ergueu a mão da mesa, como se dissesse que estava tudo bem.

"E quanto a vocês — vocês acreditam no diabo?", perguntei.

Para minha surpresa, aquele grupo de ateus, todos três, responderam de forma afirmativa. A ironia do momento me chamou a atenção: eles não acreditavam em Deus, mas acreditavam no diabo!

Pelos 15 minutos que se seguiram falamos sobre a presença do mal no mundo. Enquanto conversávamos, mais e mais pessoas que estavam na sala se aproximaram de nós para ouvir a conversa, que acontecia em um pequeno canto. Por fim, *todos* estavam ligados à produção e *todos* queriam ouvir e falar sobre o diabo! Aquelas pessoas o conheciam porque já haviam sentido a presença dele, já haviam visto a obra dele.

A maior ferramenta do diabo é a enganação. Nós já vimos que a pedagogia de Deus consiste em nos envolver em seu plano de redenção. A pedagogia do diabo consiste em fazer com que participemos da nossa própria danação.

Se ignorarmos a habilidade do diabo de influenciar nossas mentes e de causar um enorme estrago nelas, estaremos negligenciando um fator importante na equação da cura emocional e espiritual. O diabo age ativamente para semear a dúvida e a confusão. As mentiras do diabo fazem muito estrago!

Reações que apontam para a obra do diabo

Em meu livro *The Promise* eu usei dois exemplos que considero valer a pena repetir aqui, pois servem para exemplificar tanto o poder singular das mentiras do diabo para nos abater quanto para mostrar a graça ainda mais poderosa de Deus de nos libertar dessas prisões e nos curar das feridas que as mentiras provocam. A primeira história é sobre um seminarista, Sam, de quem fui professor em Roma e que estava lutando contra profundos sentimentos de insegurança, sem que houvesse razões aparentes. A segunda história é sobre uma amiga da família, a quem chamei de Mary, que havia sofrido abuso sexual quando jovem e que, por conta disso, estava perto de um colapso mental.

Primeiro, vamos dar uma olhada em Sam. Aparentemente, não havia razão para toda a indecisão e insegurança que ele demonstrava. Sam não era apenas um ótimo rapaz, ele era mais inteligente, mais preparado, mais atlético, mais bonito e mais espiritualizado do que muitos de seus colegas seminaristas. No início de seus vinte e poucos anos, ele havia encontrado Jesus de forma bem profunda, passando por um processo de conversão que incluiu, com efeito, todos os seis passos do processo de Fazer o Caminho Reto anteriormente descritos. Em outras palavras, ele estava em paz com Deus e com as outras pessoas. Seu caminho indicava a servidão total a Deus e à Igreja Católica. Não obstante, ele *continuava* inseguro.

De início, Sam havia me dito que "sempre fora desse jeito", mas, depois de várias conversas que tivemos ao longo de alguns meses, pedi que Sam reconsiderasse aquilo. Até onde eu podia perceber, não havia qualquer razão para ter medo ou vergonha. Talento e bondade eram evidentes nele para todos, menos para ele mesmo. Sam concordou em refletir e, acima de tudo, em pedir a Deus que mostrasse para ele a origem desses sentimentos de inadequação tão duradouros.

Sentindo que havia ali a necessidade da graça de Deus para curar algumas feridas antigas, sugeri que Sam pedisse a Cristo que o lembrasse de momentos no passado onde esse sentimento de inadequação tivesse sido particularmente intenso. Ele riu. "Acho que posso contar de cabeça, apesar de não gostar muito de falar sobre o assunto", disse. Então, Sam começou a contar como era bastante popular durante o ensino médio e de como era uma das pessoas mais conhecidas de sua escola. Quase no meio de certo ano, ele se tornou o primeiro rapaz a ter uma namorada, que vinha a ser a garota mais bonita da turma. Um dia depois de começar a namorá-la, ele foi para a escola e nenhum de seus amigos queria falar com ele. Eles haviam deixado de ser amigos dele, simples assim. Aparentemente, estavam com inveja da sorte que Sam tinha com as mulheres e, como vingança, de um dia para outro, passaram a ignorá-lo. "Eu não conseguia acreditar", ele disse, claramente emocionado pela lembrança. "Aqueles caras eram meus amigos!"

A vida de Sam mudou naquele dia. Ele se fechou todo por dentro, enquanto continuava mantendo uma aparência exterior de que era indiferente e descolado. Ele deixou de confiar nos colegas, nas garotas e até, em certa medida, em amigos que tivera durante toda a vida. A mera possibilidade de viver outro momento parecido de rejeição era suficiente para garantir que ele nunca mais se fizesse vulnerável a outras pessoas de novo.

A falsa percepção como origem da mentira

Crianças podem ser bem cruéis quando querem, mas elas não traem as pessoas do jeito malicioso com que os adultos o fazem. Se pudéssemos assistir ao filme do que aconteceu com Sam — o que seus amigos fizeram de verdade e como eles agiram — decerto ficaríamos boquiabertos com o exagero com que Sam reagiu negativamente à situação. Por mais maldosas que tenham sido as palavras e as ações daquelas crianças, é impossível que fossem suficientes para provocar uma atitude que levasse a uma mudança drástica na vida como aconteceu com Sam na época do incidente.

Então, o que foi que aconteceu? Eu não sei ao certo, como Sam também não sabe. No entanto, levando em conta alguma fraqueza pessoal (imaturidade emocional, falta de experiência nos relacionamentos, algum trauma anterior?), ele percebeu aquele evento de uma forma falsa, de uma forma que não correspondia à realidade. Isso pode acontecer com qualquer um de nós, mas acontece com maior frequência com as crianças. A incompreensão do significado de um evento não é, necessariamente, um indício de que o trabalho do mal está em andamento. No entanto, algo que é um sinal bastante comum da obra do diabo é a decisão de viver o evento mal interpretado de forma definitiva e dramática, como fez Sam. Em sua cabeça, o relacionamento com esses amigos "idílicos" foi da perfeição ao zero de um dia para outro e, se eram amigos tão bons e mesmo assim o traíram, então *ninguém* seria digno de confiança dali por diante.

Agora, já adulto, Sam pode ver claramente, como eu, como a percepção que teve daquele evento foi provavelmente deturpada — e, mesmo que não tivesse sido, o efeito que aquilo teve em seu futuro decerto foi desproporcional. Recomendei a ele algumas passagens da Bíblia e alguma leitura espiritual como forma de ajudar na renovação de sua mente.

Aceitar o exagero mental daquele evento foi de grande ajuda para Sam; porém, apenas aquilo não serviu para resolver o problema. Esta é a medida do poder do diabo: as mentiras dele permanecem; elas se infiltram na medula dos ossos espirituais e transformam a visão que temos da realidade. Quando o dano *acontece* de fato, é possível que um terceiro (com a ajuda da Bíblia) possa consertar as coisas; porém, como veremos adiante, nem sempre isso é o suficiente.

Acreditando na mentira

Incentivei Sam a não ficar remoendo aquilo tudo. Ficar mastigando de novo e de novo as experiências negativas do passado, de modo geral, não traz qualquer resultado benéfico. Sugeri a ele que, em seu momento de oração diária, dialogasse com Jesus e pedisse por luz e por ajuda em todos os aspectos de sua vida, incluindo aquela experiência negativa.

Uma semana depois, quando Sam veio conversar comigo, estava bastante mudado. Ele estava sorrindo! Ele se colocou a três passos de distância — não os costumeiros dez passos (uma distância "segura") — e falava com confiança e paz. Ficou claro que ele não estava mais erguendo a guarda a cada palavra, medindo cada resposta. Foi assim que ele resumiu: "Durante minhas orações, quando perguntei a Deus o que Ele pensava sobre aqueles pensamentos negativos, tive um momento de clareza. Aqueles garotos não me odiavam de verdade. Eles estavam apenas sendo crianças. E toda a impotência, a inadequação e tudo o mais — isso também nunca foi verdade. Deus me fez, Ele me ama e isso é suficiente."

Sam me contou aquilo tudo como se fosse algo totalmente extraordinário. No entanto, para mim, aquilo parecia bem simples, e, se eu não soubesse como as coisas funcionam, diria até que aquilo tudo era simplista. Conversamos sobre aquelas verdades que ele estava me contando. Ele já havia lido todas as passagens da Bíblia que falam sobre o amor de Deus por ele. O que acontecera, *desta* vez, que fez a diferença? Por que, de um dia para outro, Sam conseguiu experimentar a paz e a liberdade interior que não havia sentido em muitos anos? Deus conseguiu entrar na vida de Sam de maneira integral. Ele conseguiu comunicar a verdade a Sam não com ideias ou conceitos, mas com sua graça restauradora. Porque as verdades vieram de Deus, sob a forma da graça, Sam pôde experimentar a renovação verdadeira da mente e do coração.

Vamos rever a caminhada de Sam:

Primeiro passo. Ele reconheceu que seus sentimentos eram incongruentes (irracionais) com a realidade e que estavam, de algum modo, relacionados a um evento ou série de eventos do passado.

Segundo passo. Ele aceitou que os eventos relacionados foram apenas a ocasião, não a verdadeira causa, do estrago real; esse dano fora causado pela crença que ele teve nas mentiras sobre si mesmo.

Terceiro passo. Ele colaborou com a restauração de sua mente e de seu coração ao pedir ajuda a alguém em quem ele confiava e também ao buscar a Palavra de Deus.

Quarto passo. Em oração, Deus mostrou a ele quais foram as mentiras em que ele havia escolhido acreditar e imediatamente (ainda que apenas de forma parcial) o libertou daquela prisão.

A VULNERABILIDADE DO TRAUMA E DA DOR

Em certos momentos de fraqueza, dor ou trauma, ficamos mais suscetíveis a acreditar nas inverdades. A sensibilidade exacerbada em tais momentos serve como terreno fértil para o diabo semear suas mentiras profundamente em nossa alma, como iremos ver no segundo exemplo retirado do livro *The Promise*.

Mary vinha de uma família cristã de classe média alta. Ela tinha muitos irmãos e irmãs, e seus pais estavam casados e felizes havia mais de quarenta anos. Mas Mary vivia ficando doente. Ao longo de sua adolescência e durante os primeiros anos como adulta, ela sofreu de diversos males físicos e psicológicos que intrigavam todos os médicos que a tratavam. Nenhum deles conseguia ver relação entre as enfermidades. Alguns chegaram a dizer que aquilo tudo era criação da cabeça dela.

Alguns anos depois, com a ajuda de um bom psicólogo, Mary começou a se lembrar do abuso sexual sistemático que sofrera durante a infância e que tinha como autor um vizinho. Diversos psicólogos concordaram com ela de que essas memórias eram, provavelmente, reais. Reais ou não, Mary ficou cada vez mais preocupada e instável. Ela não era o tipo de pessoa que costuma inventar, acusar alguém falsamente ou lamentar algo que nunca ocorreu. Ela tinha uma certeza razoável de que, o que quer que tivesse acontecido, era a origem de seus problemas subsequentes. A menos que trabalhasse para resolver esse primeiro problema, não haveria um encerramento e ela jamais seria uma pessoa saudável.

A "dor", como ela se referia, aparecia nos momentos mais inesperados: andando no metrô de Londres, falando ao telefone com uma amiga ou mesmo sentada em silêncio na igreja. Geralmente essa dor tomava o aspecto de fracasso. Mas não era um fracasso do passado — aquele tipo de fracasso que diz: "Você estragou tudo." Era um fracasso permanente e existencial — "Você não tem qualquer importância". Outras vezes, essa dor tomava a forma de um pecado — "É sua culpa", "Você não deveria ser tão boazinha", "Você ilude as pessoas", "Você é impura", "Você é burra".

A despeito de como ela estivesse se sentindo, aquela dor sempre assumia uma feição acusatória. No ápice de sua luta, passado, presente e futuro pareciam absolutamente a mesma coisa para Mary: "Por causa do que aconteceu — ou não aconteceu — ou irá acontecer — sempre vou ser assim e, por isso, sempre vou fazer as pessoas sofrerem."

Substituindo mentiras por verdades

O caminho que Mary percorreu até a cura é bastante feliz, graças a Deus. Não foi uma jornada rápida, mas foi bastante sólida e tem durado até hoje. Na busca de Mary pela cura, você poderá identificar os mesmos quatro passos que descrevi quando falei sobre a jornada de Sam. Ela acabou percorrendo tais passos em uma ordem um pouco diferente, de forma menos linear e, por conta da profundidade dos danos, ela passou por esses passos de maneira um pouco mais demorada.

Como no caso de Sam, Mary também teve uma criação cristã bastante sólida. Porém, ao contrário de Sam, ela nunca havia passado por alguma conversão. Como nunca apresentou nenhum padrão de comportamento destrutivo importante, as tentativas dela de fazer o caminho reto eram contínuas e inconscientes. Ela estava em paz com Deus e com todos ao redor de sua vida. Ela acreditava, tinha esperança e amava com grande sinceridade. Mas Mary sofria com tristeza, raiva e desespero por conta de um fantasma do passado. Sem perceber, ela havia trocado os dons da liberdade e da autodeterminação pelo direito de viver em miséria perpétua... Porque *alguém* havia entrado e assumido o controle de sua vida.

Quando veio a mim, Mary estava desesperada. Psicólogos e terapeutas a haviam ajudado de modo respeitoso e não manipulador a recordar os abusos sexuais. Ela se dizia aliviada por ter identificado o ponto de partida da dor (dano) e da confusão que sentia.

Esse foi o primeiro passo — ela havia identificado o evento relacionado ao dano. Mas a dor não havia desaparecido. Será que ela teria de viver assim para sempre? Conforme conversamos sobre toda aquela história, ficou claro para mim que ela já havia feito um progresso significativo. Ela contou como, de início, tentara buscar paz interior num eventual arrependimento ou confissão de erro do tal vizinho. Com o bom aconselhamento de profissionais, ela deixou de lado as falsas esperanças que eram pouco saudáveis e nada realistas, não só porque talvez jamais se realizassem, mas, acima de tudo, porque, mesmo que se realizassem, não serviriam para curar de forma plena todas as suas feridas.

Ao conversar com Mary, pude perceber que ela possuía uma alma verdadeiramente bela. Seu sofrimento era particularmente profundo porque ela já havia experimentado a beleza da integridade emocional e espiritual. Ela ansiava por recuperar a inocência de sua infância e a harmonia de sua vida familiar.

"Qual é a maior dificuldade em lidar com tudo isso?", perguntei a ela.

"É a dor que surge do nada", ela respondeu.

"O que você quer dizer com 'dor'? É uma dor física?"

Ela não precisou pensar muito para me dar uma resposta. Estava claro que ela já havia pensado muitas vezes sobre aquilo tudo. "Sim e não. Eu sinto quando ela vem, às vezes como uma adaga em brasa, às vezes como uma febre devagar, mas na maioria das vezes aparece como um choque gelado. Mas sei que essa dor não tem uma causa física, porque ela vem do nada e nas mais variadas circunstâncias."

Eu podia ver que Mary estava cercada por mentiras sobre si mesma.

"Depois que a dor vai embora, como você se sente?"

"Como geralmente me sinto, mas de forma mais intensa, acho — pior."

"E como é isso?", insisti.

Mary baixou os olhos. "Sinto que sou suja, inútil e que estou sozinha."

"E você é todas essas coisas?", perguntei.

"É como me *sinto*", ela respondeu, chorando.

Como eu conhecia a família de Mary e estava tendo tempo para conhecê-la melhor, eu sabia que nenhuma daquelas coisas que ela sentia era verdadeira. Ela não era suja, nem inútil, tampouco estava sozinha.

Nos meses que se seguiram nós trabalhamos para identificar as mentiras como elas eram. Ainda não estávamos tentando nos livrar delas. Mary sabia, ao menos em certo nível intelectual, que não havia feito nada de errado para ser "suja"; ela possuía muitos dons e talentos para oferecer ao mundo e estava cercada de amigos e de sua família, que muito a amavam. Quando ela sentia dor... Ali estava a mentira.

Foi difícil — no começo, quase impossível — para Mary perceber que a dor não causava os pensamentos ruins, em vez disso, aqueles pensamentos (o medo criado pelas mentiras sobre ela mesma) é que causavam a dor. Alguns estímulos psicológicos, muitas vezes incontroláveis, estavam provocando medos inconscientes — o medo da sujeira, da inutilidade e da solidão, entre outros. Mary não experimentava nada disso como medo. Para ela, só havia a dor, uma dor que chegava a ser quase física. Ela descrevia os sentimentos que se seguiam à dor como vergonhosas declarações de verdades sobre si mesma. Só mais tarde é que ela veio a compreender esses sentimentos "pós-dor" como resíduos da obra do medo induzido pelas mentiras.

Uma prática simples que ajudou Mary e que também ajudou muitas outras pessoas foi examinar a dinâmica de sua mente e coração tão logo fosse possível depois da experiência da dor e do medo. Pedi que ela escrevesse um diário. Quando sentia a chegada da dor, fazia-se atenta à mentira que a acompanhava. Ela escrevia diversas frases em um pequeno caderno azul. Sugeri que ela o chamasse de "O Pequeno Livro das Grandes Mentiras".

Com o passar do tempo, atacamos cada uma das mentiras flagrantes que ela escrevia no caderno azul. Eu perguntava de onde haviam surgido as mentiras, se ela acreditava naquilo e se desejava que as mentiras controlassem sua mente.

Mary não sabia de onde surgiam as mentiras, não acreditava de verdade (ao menos, não em certo nível consciente), e não, ela não queria que essas mentiras conduzissem sua vida.

Juntos, escrevemos ao lado de cada uma dessas mentiras uma verdade sobre quem ela era e por que ela possuía um valor inestimável, valor que jamais poderia ser destruído. Nos meses que se seguiram, Mary trocou os pensamentos negativos espontâneos por verdades em que nós dois acreditávamos.

Decidimos usar passagens da Bíblia para trazer à mente verdades fundamentais sobre ela mesma, sobre Deus e sobre outras pessoas. Esse foi o terceiro passo — ela pediu a ajuda de alguém em quem confiava e procurou luz na Palavra de Deus.

- *Não tenho amigos.* "Já não os chamo servos, porque o servo não sabe o que o seu senhor faz. Em vez disso, eu os tenho chamado amigos, porque tudo o que ouvi de meu Pai eu lhes tornei conhecido." (João 15:15, NVI)
- *Ninguém sabe de verdade como eu sou.* "Antes de formá-lo no ventre eu o escolhi; antes de você nascer, eu o separei e o designei profeta às nações." (Jeremias 1:5, NVI)
- *Ninguém me ama.* "Pois eu sou o Senhor, o seu Deus, o Santo de Israel, o seu Salvador; dou o Egito como resgate por você, a Etiópia e Sebá em troca de você. Visto que você é precioso e honrado à minha vista, e porque eu o amo, darei homens em seu lugar, e nações em troca de sua vida." (Isaías 43:3-4, NVI)
- *É tudo minha culpa.* "Foi para a liberdade que Cristo nos libertou. Portanto, permaneçam firmes e não se deixem submeter novamente a um jugo de escravidão." (Gálatas 5:1, NVI)
- *Sou impura por dentro e por fora.* "Não chame impuro ao que Deus purificou." (Atos 10:15, NVI)
- *Nada irá melhorar.* "Eu, o Senhor, o chamei em retidão; segurarei firme a sua mão. Eu o guardarei e farei de você um mediador para o povo e uma luz para os gentios." (Isaías 42:6, NVI)

Semanas se passaram depois que realizamos esse trabalho sem que eu soubesse de Mary. Quando ela finalmente ligou, pude ouvir em sua voz que algo havia mudado. Sendo mais específica, ela disse que agora percebia que, em algum momento ao longo do caminho, ela passara a acreditar que o presente e o futuro dependiam inteiramente de "consertar" o que o vizinho havia feito a ela. "Mas isso não é verdade!", disse. "Ele não me transformou de jeito algum. Se eu viver na verdade de quem eu sou e de por que Deus me ama, posso retomar as rédeas da minha vida."

Esse foi o segundo passo — ela reconheceu que o evento relacionado ao dano fora apenas a ocasião, não a verdadeira causa, daquele dano que tanto durou. O verdadeiro estrago fora causado pelas mentiras sobre si mesma em que ela acreditou.

Agora, Mary estava serena. Ela contou que havia decorado cada uma das seis passagens bíblicas que havíamos escolhido em meu escritório e, em vez de esperar a chegada da dor para que pudesse substituir os pensamentos causados pela mentira pela verdade bíblica, ela passou a repetir aqueles versículos mentalmente sempre que tinha um tempo livre. O exercício começou como simples repetição, ela contou, mas acabou se transformando em oração. Repetidas vezes ela conversou com Deus — não do modo distorcido que costumava fazer, mas de verdade.

Fiquei feliz por Mary e disse isso a ela. Antes de desligar, porém, disse que não acreditava que aquele seria o fim da dor que ela sentia. Apesar de acreditar no poder de Deus de realizar milagres do modo como Ele bem entende, o poder e a graça de Deus operam, geralmente, através de mecanismos naturais. Afinal, ele criou tais mecanismos psicológicos, espirituais e físicos com um propósito, e isso também é miraculoso.

A simples substituição de mentiras por verdades (incluindo as verdades bíblicas) pode ajudar uma pessoa a criar um sentido de estabilidade na vida, e esse é um passo necessário em direção da completa renovação da mente; porém, quando há a presença de danos profundos, o mero *conhecer* da verdade quase nunca é suficiente para atingir a renovação completa da mente e a restauração do coração. É preciso que Deus se faça presente e opere um milagre da graça.

Mary concordou que nem tudo estava no lugar ainda. Ela não conseguia se imaginar em um relacionamento íntimo com um homem, por exemplo. Ao passar pelos primeiros três passos, no entanto, ela estava mais bem preparada para que Deus curasse seu coração, por meio das orações, do mal causado pelas mentiras; por fim, ela acabou superando o quarto passo também, depois de muito trabalhar com Deus. O caminho de Sam foi relativamente curto. Mary, por outro lado, ainda não era capaz, nesse ponto de sua história, de ouvir a voz de Deus claramente, já que as mentiras do diabo estavam profundamente inculcadas em sua psique. Mary estava apenas começando a retomar o controle sobre seu mundo emocional. Depois de aprender a substituir as inverdades que tanto lhe causaram dor pela Palavra de Deus, ela agora mostrava um grau aceitável de estabilidade.

Essa é uma situação bastante comum a milhões e milhões de pessoas nos dias de hoje. Seja por um caminho ou outro, aprendemos a seguir em frente. Nós nos tornamos profissionais em lidar com a música de fundo dos danos emocionais profundos. A fé ajuda algumas pessoas a sobreviver. Outras dependem de distrações.

Eu disse a Mary que acreditava haver ainda uma parte de seu coração e de sua mente que a graça restauradora de Deus havia sido incapaz de transformar. *Incapaz?* Sim, por assim dizer. É costume de Deus poupar seu poder em respeito ao livre-arbítrio e aos mecanismos naturais (dados por Deus). Sem que nós pedíssemos, a qualquer momento Ele seria capaz de eliminar qualquer traço de um dano emocional. Mas não é assim que Ele age. Ele quer que nós nos envolvamos por completo com a própria cura. Como as Escrituras dizem: "Peçam, e lhes será dado; busquem, e encontrarão; batam, e a porta lhes será aberta" (Mateus 7:7, NVI). Mary havia pedido, buscado e batido à porta muitas vezes. Onde estavam as respostas? Por que a porta permanecia fechada?

Eu não acredito que a porta *estivesse* fechada. Mary é que não estava em condições de passar por ela. Parte da incrível paciência que Deus tem para conosco pode ser percebida no respeito que ele demonstra pelos mecanismos naturais de cura que possuímos. É fácil perceber isso observando a cura física. Os médicos se utilizam do dom da inteligência para estudar medicina. Em troca, eles ensinam como o corpo funciona e como fazer para ele melhorar. Seria muito pretensioso pedir que um médico curasse enquanto continuamos comendo porcarias, evitando exercícios físicos e ignorando as prescrições das receitas médicas.

O mesmo se dá com a cura espiritual. Deus respeita os mecanismos psicológicos. Quando tais mecanismos são violados por um desenvolvimento falho ou por traumas, psicólogos e psiquiatras podem ajudar na melhoria através de métodos naturais. Porém, como já vimos, é preciso lembrar que o mundo psicológico e emocional é o parque de diversões do diabo: "O diabo, o inimigo de vocês, anda ao redor como leão, rugindo e procurando a quem possa devorar" (1 Pedro 5:8, NVI). O uso de técnicas naturais não é suficiente para curar feridas sobrenaturais. A graça de Deus se faz necessária.

Profissionais da saúde podem apontar onde e como a psique foi afetada e podem oferecer diversas técnicas úteis no processo de cura natural. Porém, se deixarmos fora da equação as forças negativas sobrenaturais (o diabo e suas mentiras) que limitam a psique e nos derrubam, não conseguiremos alcançar as forças sobrenaturais positivas (Deus e seu amor) que nos libertam dessa prisão.

Aceitando a graça restauradora de Deus

Casos como o de Mary, em que a estrutura psicológica da pessoa é severamente danificada através do trauma do abuso sexual, são algumas das artimanhas prediletas do diabo. A agressão contra a vítima é tão terrível que o diabo pode jogar quaisquer mentiras na direção da vítima que tais mentiras quase sempre perduram.

Quase sempre nos esquecemos de que a "cola" que prende as mentiras diabólicas à mente das vítimas não é natural. Como ela provém do diabo, trata-se de uma substância sobrenatural. Portanto, faz sentido dizer (e eu também já experimentei isto) que o solvente mais efetivo também é sobrenatural (a graça restauradora de Deus).

Quando expliquei esses princípios a Mary, uma lâmpada pareceu acender dentro dela. A experiência com os muitos bons psicólogos a havia ensinado a ser uma sobrevivente. Mas sua luta não havia terminado. Ela permanecia presa ao passado, mas, agora, conseguia entender a natureza da "cola".

Perguntei a Mary se ela desejava ser verdadeiramente livre. Perguntei se ela estava disposta a deixar o passado para trás e experimentar uma vida de liberdade no presente. Tais perguntas são essenciais, porque é possível se acostumar a ser uma vítima, e quando não *desejamos* a liberdade Deus não a impõe pela força. É possível se acostumar e mesmo desenvolver certo apego por um sofrimento. Por vezes, perguntamos a nós mesmos se seríamos a mesma pessoa se não tivéssemos de lidar com esse ou aquele problema. Deus nunca liberta quem opta por permanecer preso.

Mary então me disse, com uma certeza que chegava a ser palpável, que ela desejava que Deus a renovasse por completo.

Pensando na realidade do sobrenatural, respondi que tinha um palpite de que seria útil que ela convidasse Deus em oração a mostrar exatamente o que a estava impedindo, e que ela assim procedesse de determinada maneira. Devido à ajuda dos bons psicólogos que havia consultado, Mary já estava um passo à frente: ela não precisava identificar o evento relacionado ao dano; ela já havia identificado o trauma do abuso sexual como ponto de partida de todo o sofrimento. Mas o que ela talvez ainda não soubesse, sugeri a ela, era o porquê de aquele evento tão distante exercer influência sobre ela no presente. Como havia feito com Sam, pedi que ela reservasse um tempo maior para a oração e que convidasse Deus a ajudá-la a aliviar aqueles momentos de dor de seu passado através da presença e da verdade divinas. Procurei também incentivar Mary para que não temesse sentir as mesmas coisas que sentira antes, caso fosse esta a vontade de Deus.

Mary então contou que, da primeira vez que orou do modo como eu havia sugerido, experimentou uma paz que jamais havia sentido. Ela não teve visões milagrosas nem aprendeu algo que não sabia sobre sua própria situação. Mas foi por ter vivido na presença de Jesus, em um nível intelectual e emocional, os momentos terríveis de seu passado que uma nova liberdade espiritual aflorou em seu interior — enfim, o quarto passo. Ela havia pedido que Deus a ajudasse muitas e muitas vezes, mas jamais havia aberto seu coração com tamanha sinceridade.

Através da oração, ela experimentou, com a certeza da fé, que "Deus estava comigo mesmo nos momentos de abuso, e Ele está comigo agora. Não estou sozinha". Durante vários meses, toda vez que algo servia como gatilho para disparar a dor, ela procurava um local silencioso para orar — mesmo que por um ou dois minutos. Mary entregava os sentimentos do passado ou do presente para Deus e perguntava o que Ele tinha a dizer sobre aquilo. Às vezes, ela ouvia Deus conversar com ela — "Eu amo você", "Confie em mim", e assim por diante —, mas, na maior parte do tempo, ela permanecia na silenciosa presença divina. Toda vez que Mary procurava Deus com todo o seu ser, Deus restaurava um pouco seu coração.

Hoje, muito tempo depois, Mary ainda se espanta em perceber como as coisas que costumavam disparar a dor agora vão e vêm quase sem nenhum efeito. Como Sam, Mary permitiu que Deus operasse nos níveis espiritual, intelectual e emocional dentro dela, de maneira natural e holística. Sem precisar da interferência sugestiva ou manipuladora de outra pessoa, Deus usou os mecanismos por Ele criados da memória e das emoções para trazer a Sam e a Mary os eventos do passado que estavam ligados ao sofrimento emocional e espiritual do presente — e Ele pode fazer o mesmo por nós. Quando abrimos as áreas que mantemos escondidas, Deus entra e cura.

Isso tudo que aqui descrevo não consiste em um novo método de oração nem de restauração, já que se trata apenas de uma dedução simples do que já é conhecido pela experiência humana e pela doutrina cristã. Estou apenas convidando você a se aproveitar do modo com que Deus nos criou. Ao seguir esses princípios, estamos preparando os mecanismos naturais da mente e das emoções para permanecerem abertos ao milagre "comum" da renovação completa da mente.

METODOLOGIA DA ORAÇÃO: LOCALIZANDO A FONTE DAS MENTIRAS PREJUDICIAIS

Os escritos do psicólogo e conselheiro cristão dr. Edward Smith (da Convenção Batista do Sul, que escreveu *Healing Life's Hurts Through Theophostic Prayer* [Curando as feridas da vida através da oração teofóstica]) e de pe. David Tickerhoof (um padre católico que escreveu *A Catholic's Guide to Theophostic Prayer Ministry* [Um guia do católico para o ministério de oração teofóstica]) confirmaram e lançaram luz sobre os princípios espirituais que descrevi anteriormente.

O dr. Smith desenvolveu uma "metodologia de oração" conhecida como "oração teofóstica" — a segunda palavra significa "a luz de Deus" — que consiste em um conselheiro treinado acompanhar outra pessoa que busca a ajuda de Deus para descobrir a origem das mentiras que causam um dano interno. O dr. Smith insiste em afirmar que seu método não deve jamais envolver um aconselhamento sugestivo ou manipulador. O conselheiro deve simplesmente convidar a pessoa a pedir a ajuda de Deus para conseguir "seguir o rastro da fumaça" da emoção negativa que está presente (ira, medo, ressentimento) até emoções que se pareçam com as do passado.

Se nos permitimos, explica o dr. Smith — e especialmente quando a ajuda de Deus é pedida em oração —, é possível nos lembrarmos de momentos no passado similares às emoções negativas que atuam no presente. Eventos relacionados estão ligados a "sentimentos equivalentes", mesmo que haja anos de diferença entre os dois pontos temporais. Se uma mulher, por exemplo, é tomada pelo medo toda vez que seu marido se levanta e se afasta calado de uma discussão mais áspera, ela pode pedir em oração que Deus mostre a ela os momentos passados em que ela experimentou sentimentos semelhantes de um abandono. Ela acabará por descobrir que não é o marido que está causando tal medo extremo; mas que as ações dele estão servindo como gatilho para medos que habitam a esposa desde o passado. Ao "seguir o rastro da fumaça" em oração, é possível identificar o problema que não foi resolvido.

O dr. Smith afirma que não se trata de um exercício terapêutico de rememoração. Trata-se de permitir que os mecanismos mentais criados por Deus apontem para os eventos relacionados ao sofrimento do presente. A novidade da abordagem do dr. Smith está no método de identificação dessa conexão: ele usa o mecanismo natural de "seguir o rastro da fumaça" para cooperar com Deus no desejo divino de indicar qual evento do passado está relacionado à dificuldade presente.

O segundo passo na metodologia do dr. Smith consiste em confrontar o problema não resolvido. Uma vez que a pessoa tenha identificado o evento relacionado, o conselheiro treinado incentiva a pessoa a reviver aquele evento e as emoções a ele correspondentes e, depois, a conversar sobre os sentimentos provocados. Então, o conselheiro convida a pessoa a perguntar a Deus o que *ele* pensa sobre aquele evento do passado (novamente, sem fazer qualquer sugestão ou insinuação sobre qual poderia ser a opinião de Deus sobre o assunto).

Muitas pessoas que seguiram essa metodologia de oração com a ajuda de um profissional bem preparado conseguiram experimentar uma cura maravilhosa, conforme Deus revelou a elas sua verdade e renovou a mente e o coração de tais pessoas.

Se você conseguirá tirar proveito dessa metodologia de oração irá depender bastante de sua criação e de sua sensibilidade espiritual. Esses dois aspectos parecem ter relevância particular nos casos em que o dano interior foi severo a ponto de impedir que a pessoa consiga penetrar as barreiras emocionais que impossibilitam a cura.

Não obstante, creio que os dois princípios básicos dessa metodologia são sólidos e podem ser de grande ajuda a todos nós na vida de oração:

1. Com a ajuda de Deus podemos descobrir facilmente a relação entre emoções negativas desproporcionais que cercam uma dificuldade presente e eventos passados relacionados a esse problema ao "seguir o rastro da fumaça" (relembrar em oração emoções semelhantes ao passado).
2. Quando permitimos que Deus fale conosco a respeito de tais eventos passados em um nível espiritual, intelectual e emocional, a palavra verdadeira Dele sempre vem acompanhada de um poder restaurador.

Discernimento: reconhecendo a voz de Deus

Se a interpretação adequada das Escrituras é essencial para poder compreender o significado pleno da Palavra de Deus (como discutimos anteriormente), ainda mais importante é o discernimento adequado na própria oração que fazemos, porque aqui há mais espaço para os erros subjetivos. O que aconteceria se Sam e Mary tivessem "ouvido em oração", por exemplo, que Deus não os amava de verdade? E se eles tivessem voltado da oração com uma certeza ainda maior da *impotência* que sentiam, dessa vez "apoiados" pelo próprio Deus?

Como temos grande dificuldade em ouvir espiritualmente, é fácil cometer tais erros. Às vezes pensamos ouvir a voz de Deus e entendemos tudo errado.

Como reconhecer e discernir a voz de Deus? Para começar, faço três recomendações:

1. Leia e reflita sobre as Sagradas Escrituras.
2. Faça um estudo sólido da doutrina cristã.
3. Peça ajuda de uma pessoa santa e prudente que fale a verdade, mesmo quando ela dói.

Como na maioria das vezes, há um risco, aqui, de emprestar uma importância exagerada aos sentimentos, aos eventos passados e aos danos espiritual e emocional. Incorrer em tal exagero pode fazer com que passemos a agir e a pensar como se tudo que sentimos, acreditamos e fazemos fosse dependente ou mesmo determinado pelo passado. Isso, simplesmente, não é verdade.

É importante encontrar o equilíbrio entre buscar a cura para as feridas que impedem o crescimento, por um lado, e deixar o passado para trás e seguir adiante na fé.

AGORA QUE VAMOS iniciar a segunda parte deste livro, vamos mergulhar mais a fundo no conhecimento de como as virtudes teológicas da fé, da esperança e do amor se parecem em nossa vida quando se tornam novos dispositivos do coração. Podemos chamar esses novos dispositivos de *fé viva*, *esperança viva* e *amor vivo*. Eles são respostas diretas e perfeitas aos padrões negativos da superficialidade, do medo e da vergonha, e do egoísmo. Não é mera coincidência que esses dispositivos pareçam ser ativos. Como Sócios Minoritários do Espírito Santo, temos a opção de tirar vantagem dos dons divinos da fé, da esperança e do amor. É pelo *vivenciar* das virtudes teológicas que nos tornamos cheios do Espírito.

Antes de tratar de tais virtudes, cada uma delas em seu próprio capítulo, quero remover a cortina que a maioria das pessoas cria em sua caminhada pessoal. Essa cortina é como uma barricada que mantém todos seguindo para a mesma direção, à mesma velocidade, sem permitir que vislumbremos todo o potencial que temos para a mudança de direção e para o crescimento através da *fé viva*, da *esperança viva* e do *amor vivo*.

Estamos entrando agora no coração da Cura Divina.

PARTE 2

A Cura pela Fé-Esperança-Amor

CAPÍTULO 4

Introdução à Cura Divina

Apesar de parecer familiar, eu não tinha certeza se a conhecia de verdade. A congregação se movia depressa em direção às portas da igreja ao fim do serviço noturno dominical que eu prestara. Eu havia acabado de chegar à paróquia e procurava cumprimentar os frequentadores e me apresentar aos novatos. Sarah — seu nome, como mais tarde viria a saber — permaneceu em silêncio a alguma distância, mudando sem parar o peso do corpo de uma perna para a outra e, de vez em quando, estendendo a mão para arrumar o longo cabelo castanho que pendia à frente de seu ombro, somente para jogá-lo para trás logo depois.

A partir da linguagem corporal de Sarah pude deduzir que ela buscava uma maneira de me dizer que precisava conversar. Quando se aproximou, deixou escapar com rapidez: "Não tenho bem certeza de por que eu queria falar com você, mas, desde que mudei para Nova York, não tenho frequentado a igreja toda semana, e *preciso* voltar a fazer isso. Eu vim hoje e vou voltar todas as semanas, eu prometo!"

"Você é bem-vinda", respondi, "mas você não precisa prometer nada. Apenas faça o melhor que puder". Surpreso comigo mesmo por aquela resposta, aquilo me pareceu um tanto insípido. *De onde saiu isso?*, fiquei pensando.

No mesmo instante o semblante da moça se transformou, e muito. "Eu não preciso prometer?", perguntou com um sorriso para depois jogar a cabeça para trás e soltar o suspiro de alívio mais alto que já escutei: "Ufa!"

"Não, mas tente fazer o seu melhor", repeti. Eu sabia que ela podia fazer uma interpretação equivocada e pensar que de nada importava frequentar a igreja, mas eu me repeti porque sabia que a transformação de um estado excessivamente tenso para outro pacífico e belo, quase eufórico, só podia ser fruto da obra de Deus em sua alma.

Na semana seguinte Sarah voltou, e, agora, não só a vejo semanalmente em meus serviços, como também envolvida nos mais diversos projetos e atividades da paróquia. Ela é espontânea e alegre e sempre ri quando brinco que ela está proibida de prometer que virá na semana que vem. Ela sabe que é tanto uma piada quanto uma afirmação séria — ela precisa ouvir de vez em quando.

Meses depois desse primeiro encontro, Sarah me apresentou a seus pais, o sr. e a sra. McGrath, que moravam no Meio-Oeste dos Estados Unidos e estavam visitando a filha. Foi quando compreendi a dinâmica interna da história de vida de Sarah. Seus pais se aproximaram apressados e, antes que eu pudesse cumprimentá-los de acordo, começaram a despejar uma infinidade de atividades na igreja e de projetos de caridade com que estavam envolvidos em sua terra natal; a seguir, passaram a falar como haviam criado todos os filhos para serem bons cristãos, e assim por diante. As pessoas ao redor pareciam até desconfortáveis com aquela introdução excessivamente religiosa, mas eu não dei muita importância, já que, às vezes, as pessoas podem ficar um pouco nervosas quando conhecem um novo pastor ou um novo padre e não sabem bem o que dizer.

Ao curso de toda a semana seguinte tive o prazer de compartilhar as refeições com Sarah e sua família — algo que raramente faço, ou sequer tenho tempo para fazer —, e o resultado de tais encontros foi absolutamente enriquecedor! A primeira fagulha surgiu com uma pergunta inocente da mãe de Sarah, que, depois de uma conversa bastante agradável, me perguntou com o mais sério dos tons — na frente de Sarah e do pai da garota — quando exatamente Sarah havia começado a frequentar minha igreja e se ela havia aparecido em todos os domingos desde então. Eu tentei desviar da pergunta com um pouco de humor, mas logo percebi que amenidades não iriam funcionar. O pai me interrompeu fazendo a mesma pergunta, mas de forma mais direta: "Quando foi a primeira vez que Sarah foi à sua igreja?"

Olhei para Sarah com a esperança de encontrar um sorriso encorajador que me dissesse que aquilo não passava de uma brincadeira interna da família. Ciente do apuro em que eu estava e com sua confiança espiritual recém-descoberta, ela mergulhou na conversa com uma sinceridade incrível, botando todas as cartas na mesa: "Mamãe e papai, antes de mudar para Nova York eu já havia decidido que não iria frequentar a igreja; assim, quando cheguei aqui, foi o que fiz. Faz apenas alguns meses — depois de quase dois anos morando aqui — que fui à primeira missa na Antiga Catedral de St. Patrick. Mas também apenas por um acaso. Eu não pretendia voltar. A propósito, não creio que Mark e Allie andam frequentando a igreja também."

Meu coração se despedaçou. O orgulho e a alegria do sr. e da sra. McGrath era a "vida cristã" de seus filhos. A partir do tom e da expressão de Sarah, deduzi (corretamente) que Mark e Allie seriam seu irmão e sua irmã.

"Isso não é verdade", interrompeu a mãe. "Tanto Mark quanto Allie têm observado os serviços dominicais desde que saíram de casa."

"Pois sim", respondeu Sarah. "Provavelmente, agora estou encrencada com vocês e com eles também, mas, mamãe e papai, preciso ser sincera com vocês, eles também andam tão desiludidos com Deus e com a igreja quanto eu estive pelos últimos anos, e eles continuam com tanto medo de contar para vocês quanto eu estou aliviada de tê-lo feito!"

Minha vontade era de pedir licença para usar o banheiro, mas seria um gesto óbvio demais. Em vez disso, tentei me "disfarçar na paisagem" envergando levemente a cabeça e cruzando as mãos.

Aquele foi o começo de uma discussão profunda entre Sarah e seus pais que durou três dias. Na parte da noite, eu falava com a família para ouvir um resumo do que havia acontecido durante o dia. Acho que nunca passei tanto tempo, em um período tão curto, com uma só família — em especial, uma família que não conhecia muito bem. Mas lá estava eu no meio da confusão, e algo me dizia que era ali que Deus queria que eu estivesse. Muitas lágrimas foram derramadas naquela semana, mas Sarah obedeceu ao conselho de evitar palavras afiadas, pontiagudas e dolorosas, capazes de cortar a comunicação e deixar cicatrizes profundas. Mas ela só conseguiu fazer isso por causa da liberdade espiritual que havia descoberto nos meses anteriores. O centro do problema familiar era o profundo ressentimento pelo que Sarah e seus irmãos percebiam como uma religiosidade rígida e forçada que nada tinha a ver com a fé, com a esperança e com o amor e tudo a ver com a obediência às regras. Disso resultou apenas medo, culpa e vergonha.

Mas isso não quer dizer que o sr. e a sra. McGrath eram pessoas ruins — eles eram pessoas incrivelmente boas! Eles viviam a fé de uma maneira semelhante à do jovem rico do Evangelho de Lucas. Como aquele homem, que conhecemos na introdução deste livro, eles podiam responder com sinceridade a Jesus: "Mestre, a tudo isso temos obedecido desde a nossa adolescência." Também como o jovem rico, que no fundo sabia que algo ainda lhe faltava, o casal tinha a mesma consciência. A admirável vida moral que tinham ainda não se havia tornado para eles uma fonte de alegria e de realização, e os filhos sabiam disso. Talvez Jesus tivesse olhado para eles, os amado e dito: "Falta-lhes uma coisa; vão, parem de tentar ser perfeitos; depois voltem para me seguir."

O ideal que Jesus exige de nós é muito, muito elevado, mas perderemos o ponto do desabrochar humano — viver como homens e mulheres cheios do Espírito — se confundirmos o plano Dele para conosco com a mera perfeição humana. Jesus está interessado em ver seus filhos se tornarem mais como Ele, mais como seu Pai, e esse tipo de transformação só pode ocorrer no coração e através da infusão da graça de Deus. A perfeição cristã genuína, portanto, é um *dom*. Nós podemos, e devemos, nos preparar para receber esse dom através de uma vida de retidão — em especial, observando as virtudes cardeais da prudência, da fortaleza, da temperança e da justiça —, mas tais virtudes, ou qualquer outro conjunto de virtudes, ainda que praticadas de forma "perfeita", jamais irão nos tornar perfeitos!

Jesus deixou bem clara a distinção entre a falsa perfeição humana e a perfeição real quando disse aos discípulos: "Portanto, sejam perfeitos como perfeito é o Pai celestial de vocês." Vamos ler essas palavras em seu devido contexto:

> Mas eu lhes digo: Amem os seus inimigos e orem por aqueles que os perseguem, para que vocês venham a ser filhos de seu Pai que está nos céus. Porque ele faz raiar o seu sol sobre maus e bons e derrama chuva sobre justos e injustos. Se vocês amarem aqueles que os amam, que recompensa receberão? Até os publicanos fazem isso! E se vocês saudarem apenas os seus irmãos, o que estarão fazendo de mais? Até os pagãos fazem isso! Portanto, sejam perfeitos *como perfeito é o Pai celestial de vocês*. (Mateus 5:44-48, NVI, grifo do autor)

Jesus está dizendo aos discípulos, e para nós, hoje, que amar o próximo — todo mundo — do mesmo modo como o Pai nos ama, incondicionalmente e pensando antes no outro (e não no que podemos obter da pessoa ou na sensação de bem-estar de quando fazemos a coisa certa), é o *sinal* da perfeição cristã.

Mas será possível? Será que é possível amar tanto assim, amar como Deus?

Você já sabe a resposta para essa pergunta da discussão que tivemos sobre o jovem rico: "Para o homem é impossível, mas para Deus, não; todas as coisas são possíveis para Deus" (Marcos 10:27, NVI).

Mas isso não significa que estamos livres dessa obrigação. Isso não implica dizer que se tornar cheio do Espírito será um ato aleatório de Deus. Deus confia que nós, como Sócios Minoritários do Espírito, façamos o trabalho de preparação para deixar o coração pronto para Ele operar o milagre de nos ajudar a amar todas as pessoas do mesmo modo como Ele nos ama.

Esse milagre é uma cura para o coração. É o reordenamento, pela graça de Deus, das paixões desordenadas; é o alinhamento da alma com o destino final de viver como os santos do céu. Foi exatamente o que aconteceu com Sarah: as barreiras que ela havia construído contra a graça de Deus para se defender do que considerava exigências inalcançáveis da religião se romperam quando ela encontrou uma comunidade que vivia a fé, a esperança e o amor verdadeiros. Ela ainda se prendia à raiva e ao ressentimento contra seus pais e isso precisaria de muita cura, mas, ao menos, as paredes contra a graça de Deus haviam sido vencidas. Para a maioria das pessoas, essas paredes levam mais tempo para ser vencidas, o milagre acontece em etapas, mas a transformação de Sarah foi um testemunho do poder e da vontade de Deus de agir com rapidez, quando assim o permitimos.

Em um capítulo mais adiante vamos retomar a história da família McGrath. A graça de Deus acabou levando cura e grande felicidade para todos. O caminho que eles percorreram é digno de ser estudado e contém pistas de como Deus pretende nos curar.

A colaboração com o milagre da felicidade verdadeira não precisa ser complicada. Ela é, em verdade, bastante simples. Trata-se da aceitação honesta e consciente e de uma vida de fé, esperança e amor no dia a dia da nossa vida. Os teólogos chamam isso de "virtudes teológicas" porque estão diretamente ligadas a Deus; as "virtudes humanas", por outro lado — como a honestidade, o trabalho duro e a coragem —, não fazem mais do que nos tornar boas pessoas. As virtudes teológicas, quando permitimos, nos transformam a partir do interior nos filhos e filhas maravilhosos, belos e santos que Deus nos criou para sermos. Quando aceitamos esses dons de Deus, eles nos preparam para viver um relacionamento íntimo com a Santíssima Trindade — Pai, Filho e Espírito Santo. Qualquer pessoa que tenha esse relacionamento será cheia do Espírito.

A NECESSIDADE DE UMA MUDANÇA DE PARADIGMA

Você considera difícil (ou mesmo impossível) ser uma pessoa cheia do Espírito quando tudo está dando errado e tudo que vemos na televisão, lemos nos livros e até ouvimos de nossos melhores amigos aponta na direção do ceticismo, da amargura e do egoísmo?

Por ter vivido muitos anos na Europa, tive a chance de estudar um pouco da arte, da música e da história daquela região e volta e meia lembro que nem sempre tivemos de viver em uma cultura agressivamente anticristã como a nossa, que sempre tenta remover das pessoas o Espírito de Deus. Talvez seja um pouco demais dizer que a Idade Média tenha sido a "Época de Ouro" para o cristianismo, já que o período tem seu próprio conjunto de momentos inglórios, mas é certamente possível apontar um período e uma região na história — a "Cristandade" — em que a sociedade (políticos, legisladores, artistas, educadores etc.) promovia o estilo de vida cristão como um ideal, ainda que os integrantes e os projetos desse estilo de vida estivessem longe da perfeição. Talvez se nós tivéssemos nascido naquela época não houvesse a necessidade de escrever este livro. Seríamos lembrados da verdade, da bondade e da beleza o tempo inteiro, infundindo esses valores na cultura, tendo assim maior liberdade para tomar decisões corajosas alinhadas às virtudes teológicas que nos moveriam — a fé, a esperança e o amor.

Sim, os tempos mudaram. Os conceitos que temos de verdade, bondade e beleza foram distorcidos e, em grande medida, não temos nem ideia do que sejam virtudes teológicas. Imagine a variedade de respostas que você receberia se pedisse a alguns colegas que lhe dessem a definição de fé, de esperança ou de amor! Precisamos ser reeducados em termos espirituais. Desde a década de 1960, a cultura pop, o conhecimento secular e uma parte enorme da mídia têm financiado uma campanha bastante efetiva contra as crenças e a moralidade tradicional. Não estou apontando para uma conspiração, aqui: trata-se apenas de uma constatação lógica que é resultado de várias gerações espiritualmente confusas botando as asas de fora. Em vez de cair no lugar-comum de culpar o culto ao sexo, às drogas e ao rock-and-roll, vamos voltar um pouco mais e lembrar os anos 1930, 1940 e 1950. Vamos ser sinceros: quão forte era a cultura cristã norte-americana nessa época, e o que é que a estava sustentando? Quando uma geração ensina a geração seguinte através de palavras e exemplos que "ser cristão" tem mais a ver com regras e normas e imagem e aparência do que com fé, esperança e amor práticos e vibrantes, então a geração seguinte tem todo o direito de se rebelar. A rebelião dos anos 1960 não foi um movimento contra a fé e a religião, mas uma guinada contra impostores sufocantes que tomaram o lugar da fé e da religião e que foram se perpetuando nas décadas anteriores.

Se quisermos criar um lar, uma vizinhança e um país mais saudável e voltado para Deus, para nossos filhos e netos, precisamos dar a eles razões para acreditar. Se pretendemos ensinar a verdadeira espiritualidade, precisamos compreendê-la e vivê-la como a fonte de tudo que fazemos. Precisamos realizar uma mudança no paradigma na direção de viver as virtudes teológicas da fé, da esperança e do amor de forma cotidiana.

Com essa reeducação da espiritualidade em mente, quero oferecer um modelo simples para o crescimento espiritual e para a realização pessoal. Fiz uso de uma linguagem atual na intenção de melhor me adaptar à experiência contemporânea, mas o paradigma espiritual em si é um só e o mesmo dos ensinamentos básicos de Jesus. Essa nova linguagem foi usada para fornecer uma abordagem única que irá nos ajudar na libertação dos padrões destrutivos há muito cultivados e permitir que aproveitemos nosso enorme potencial espiritual.

Minha abordagem é bastante simples. Meu trabalho durante muitos anos como conselheiro espiritual me permitiu identificar três grandes padrões de pensamentos e comportamentos autodestrutivos. Todos os problemas pessoais podem ser relacionados com um desses padrões.

1. Superficialidade.
2. Medo, ansiedade e vergonha.
3. Egoísmo.

A libertação das garras desses três grandes padrões consiste em transferir a energia espiritual que é gasta na tentativa de corrigir um problema para o chamado e o destino divinos: confiar no coração de Deus através da participação na vida divina. Essa abordagem convida você a criar três novos "dispositivos do coração", remédios para a sua vida que combatem os três grandes padrões acima citados.

Esses três novos dispositivos do coração — a fé viva, a esperança viva e o amor vivo — podem redimir nossas inclinações deturpadas ao curar a razão, a memória e a vontade.

A viagem espiritual que este livro propõe pode ser resumida da seguinte maneira:

1. Da superficialidade à fé viva através da cura do intelecto.
2. Do medo, da ansiedade e da vergonha à esperança viva através da cura da memória.
3. Do egoísmo ao amor vivo através da cura da vontade.

De agora em diante irei apontar para a Cura pela Fé-Esperança--Amor — a Cura Divina— a todo instante. Aprender a se apropriar dessa cura em cada uma dc suas três partes é a essência da viagem em direção a se tornar uma pessoa cheia do Espírito. Essa cura é válida para cada um de nós, a despeito dos padrões destrutivos ou limitantes que enfrentamos na vida. Enquanto essa abordagem específica de que tratamos no livro para aprender sobre a Cura pela Fé-Esperança-Amor foi criada por mim e é apenas uma das muitas outras abordagens válidas, a cura *em si* é o meio pelo qual Deus nos salva e traz a realização pessoal.

Acredito que o melhor jeito de ensinar a Cura Divina se dá pelo entendimento de como ela se aplica às decisões que tomamos na vida. Por esse motivo, convido você a confrontar seus padrões destrutivos e limitantes e compará-los aos padrões que pessoas cheias do Espírito escolheram para viver a fé, a esperança e o amor.

Primeiro, vamos refletir sobre o que significam cada um dos três elementos e o que eles podem fazer por nós durante essa viagem.

Fé

Fé é a virtude teológica pela qual nós comprometemos voluntariamente toda a nossa vida a Deus, que, por sua vez, nos convida a acreditar Nele ao apontar para si nosso coração de diversas maneiras. Apesar de a fé ser uma *decisão* voluntária de crer, a verdadeira fé não é cega. Não podemos ter uma fé verdadeira por conta própria. Apesar de a fé residir além dos limites da inteligência, ela não é irracional. Ela é, antes, uma resposta generosa a Deus, que se revela em diferentes graus e de diferentes maneiras de acordo com nossa sensibilidade limitada e singular e com a abertura em relação a Ele.

Deus se revela para nós mesmo quando não estamos conscientes de que Ele o está fazendo. Ele se revela quando nos assombramos diante da grandeza de um pôr do sol, por exemplo, ou quando contemplamos toda a nossa pequenez diante de uma noite vasta e estrelada. Ele se revela quando seguramos um filho ou uma filha recém-nascida nos braços pela primeira vez, quando refletimos sobre a maravilha e o mistério que é a humanidade, quando uma oração é atendida, quando uma alma gêmea aparece inesperadamente na nossa vida.

Como dito anteriormente, *a fé cura o intelecto*. Isso acontece quando a fé permite que a mente se aproprie do nível de realidade sobrenatural que é tão verdadeiro quanto as propriedades físicas que podemos perceber através dos cinco sentidos.

As Escrituras também nos lembram da natureza e da importância da fé:

> A fé é a certeza daquilo que esperamos e a prova das coisas que não vemos. (Hebreus 11:1, NVI)

> Usem o escudo da fé, com o qual vocês poderão apagar todas as setas inflamadas do Maligno. (Efésios 6:16, NVI)

Por mais fundamental que seja a fé para nossa viagem, quando ela é privada da esperança e do amor (ou caridade), a fé morre, o mesmo acontecendo com a vida cheia do espírito.

Esperança

Esperança é a virtude teológica pela qual desejamos e contamos com as bênçãos de Deus na nossa vida, a despeito das dificuldades do momento. A pessoa esperançosa não é necessariamente otimista. Otimismo e pessimismo são estados emocionais que podem ir e vir sem pedir permissão. A esperança é diferente. A pessoa esperançosa tem uma perspectiva positiva da vida porque sabe que um Deus amoroso e poderoso está ao seu lado e no controle — *quando* a pessoa decide permitir que ele seja Deus para ela.

Dissemos que *a fé cura o intelecto* ao permitir que nos apropriemos da realidade espiritual. *A esperança*, por sua vez, *cura a memória* e permite que sigamos adiante com confiança, apesar de continuarmos lembrando os fracassos do passado e de como os outros falharam conosco, porque sabemos que Deus é poderoso, amoroso e que Ele é fiel à sua promessa. Eis alguns versículos das Escrituras que ilustram a esperança:

> Apeguemo-nos com firmeza à esperança que professamos, pois aquele que prometeu é fiel. (Hebreus 10:23, NVI)

> Alegrem-se na esperança, sejam pacientes na tribulação, perseverem na oração. (Romanos 12:12, NVI)

Como no caso da fé solitária, ter apenas fé e esperança não equivale a ter o conjunto completo da maturidade espiritual; o amor também é indispensável.

Amor

O terceiro sustentáculo da Cura Divina é o amor. Amor é a virtude teológica através da qual nos entregamos a Deus sobre todas as coisas e ao próximo antes de nós mesmos. Talvez você já tenha ouvido alguém que não seja cristão expressar admiração por Jesus como um bom mestre de moral. No campo das religiões globais, mais especificamente, os ensinamentos de Jesus se destacam pelo que chamamos de "Novo Mandamento" do amor, através do qual somos convidados a "amar uns aos outros como Jesus nos amou", o que inclui perdoar até mesmo os inimigos. Sempre considerei o conceito do amor como um *novo* mandamento um tanto estranho. Se Deus não é governado pelo tempo e se o amor é tão importante, por que Ele permitiu que milhares de anos se passassem sem ter explicado à sua criação do que se tratava a vida? Por que motivo Ele deu a Moisés um conjunto de leis e, centenas de anos depois, deu à humanidade *a* lei? As palavras do próprio Jesus dão uma pista:

> O meu mandamento é este: amem-se uns aos outros como eu os amei. Ninguém tem maior amor do que aquele que dá a sua vida pelos seus amigos. (João 15:12-13, NVI)

É como se Deus soubesse que jamais compreenderíamos um mandamento que prega o amor abnegado antes de ver como Ele nos amou perfeitamente em um mundo repleto de imperfeição. A "Antiga Lei" foi um período de preparação para a "Nova Lei". A Nova Lei, portanto, não *substitui* a Antiga Lei — os Dez Mandamentos, por exemplo. Deus se fez homem na pessoa de Jesus de Nazaré e nos amou "até o fim" ao oferecer a própria vida em sacrifício. Ele tomou para si nossos pecados e apresentou sua inocência diante do Pai em nosso lugar, mesmo quando seus filhos continuaram a rejeitar o seu amor ao pregar Jesus na cruz. Quando Jesus nos pede para amarmos os inimigos é porque Ele mostrou como fazer isso — nós, seres humanos falhos que nos fizemos "inimigos" de Deus através da rejeição ao amor de Deus por parte de Adão e Eva, através da crucificação e também por nossos pecados atuais.

Como a palavra *amor* tem muitas conotações, vamos nos lembrar de como o apóstolo Paulo a descreve:

> O amor é paciente, o amor é bondoso. Não inveja, não se vangloria, não se orgulha. Não maltrata, não procura seus interesses, não se enfurece facilmente, não guarda rancor. O amor não se alegra com a injustiça, mas se alegra com a verdade. Tudo sofre, tudo crê, tudo espera, tudo suporta. (1 Coríntios 13:4-7, NVI)

"[Se eu] não tiver amor", Paulo esclarece, "nada serei" (13:2). "[Se eu] não tiver amor, nada disso me valerá" (13:3). De forma ainda mais clara, ele acrescenta: "Assim, permanecem agora estes três: a fé, a esperança e o amor. O maior deles, porém, é o amor" (13:13).

Dissemos que *a fé cura o intelecto* e que *a esperança cura a memória*. De modo análogo, podemos dizer que *o amor cura a vontade* ao direcionar a atitude e os interesses para a entrega a Deus e ao próximo, apenas para servi-los.

A CURA DO INTELECTO, da memória e da vontade através da Cura Divina pela fé, pela esperança e pelo amor não é mágica, mas milagrosa. Ela requer cooperação, mas os resultados obtidos na alma não podem ser explicados unicamente como ação da virtude, do desejo ou da força humana. A Cura pela Fé-Esperança-Amor é um indicativo de Deus aproximando-se de nós e juntando uma alma ao seu projeto de vida divino, onde descobrimos quem somos hoje — em meio a todo o sofrimento humano — e quem Deus nos criou para sermos — em meio a toda a glória potencial. Esse tipo de vida cheia do Espírito é a liberdade espiritual. É a diferença entre tremer diante de Deus como mercenários ou escravos tentando sobreviver em um mundo louco e estar ao lado do nosso Pai amoroso como filho ou filha que foi criado pelo amor, redimido pelo amor e que agora vive em seus amorosos braços.

O próximo passo dessa viagem da autoajuda à ajuda divina e em direção a uma vida cheia do espírito irá consistir em identificar onde e como Deus deseja que ajudemos a nós mesmos e, por outro lado, onde e como devemos abrir mão e deixar que Ele opere em nós.

Para que a Cura Divina entre no coração e no dia a dia, precisamos mostrar a Deus que desejamos que ele aja. Deus nunca nos força a tomar essa decisão. A verdade teológica de que a graça constrói sobre a natureza humana sem destruí-la implica dizer que quando a natureza insalubre (sua ou minha) não quer ser mudada, a graça respeitosamente a deixa à mercê de seus próprios mecanismos autodestrutivos. Deus não age a partir da coerção, mas a partir da conversão!

CAPÍTULO 5

Fé viva

Se você não conhece nenhuma pessoa cheia do Espírito e jamais sentiu a alegria duradoura do Espírito em sua vida, talvez tenha alguma dúvida sobre seu potencial para fazer uma transformação radical. Admito que eu ainda não provei que essa busca pela felicidade é algo real. Desde o início da história escrita os pensadores identificaram a felicidade como um objetivo humano e muito já revisaram seu significado. Muitos e muitos volumes já foram escritos e inúmeros contos e baladas já foram compostos sobre a filosofia da felicidade.

Sinto-me tentado a fazer uma minúscula colaboração, pois encontro algum prazer (provavelmente egoísta) em filosofar sobre ideais, enquanto evito a questão mais complexa sobre como alcançá-los. Quando se trata da busca da felicidade, é mais fácil falar usando charadas filosóficas. No entanto, sei que esse exercício intelectual seria inútil e que serviria apenas para o propósito de procrastinar, de impedir que você e eu cheguemos ao lugar existencial em que precisamos chegar. Em vez de tentar provar o conceito da beatitude — a felicidade extrema —, vamos chegar até ela e examiná-la de perto.

Este lugar para o qual estamos indo é tal que dele derivam importantes consequências. Visto por outra luz, ele é o ponto de intersecção onde emprestamos o intelecto, a memória e a vontade aos poderes transformadores da fé, da esperança e do amor. É neste lugar que a Cura Divina acontece e onde ficamos cheios do Espírito.

Estou deduzindo que, a essa altura, nós já começamos a fazer o caminho reto, como descrito em um capítulo anterior. Na primeira vez que trabalhamos aqueles passos, se o fizermos com coragem e humildade, sentimos uma dor profunda. Acabamos nos retorcendo de dor porque deixamos a zona de conforto da negação e da restrição que construímos ao longo de muitos anos. Sentimos a vontade de chorar quando vemos impressa ou quando compartilhamos com um amigo confiável a fotografia em alta definição de nossas falhas, dos nossos pecados e dos vícios que identificamos com a graça de Deus.

Há sempre uma primeira vez para fazer o caminho reto, mas esse processo jamais se encerra. Todo dia é um novo dia para começar e aproveitar. A preparação para receber a graça se torna, com o passar do tempo, quase como uma segunda natureza; porém, no primeiro dia em que sentimos que o caminho já está absolutamente reto, então este será o último dia de crescimento espiritual. Um caminho reto alcançado pela humildade espiritual e cuidado rotineiramente durante semanas e anos é a base da Cura Divina, que começa com a fé.

Sentindo a presença de Deus nos "momentos de confusão"

Muito já foi *dito* sobre a fé. Talvez até demais. *Falar* sobre a fé é algo bastante diferente de *espalhar a fé ao vivê-la*. Vou ser honesto, eu falo sobre a fé em quase todo sermão e, decerto, em toda sessão de aconselhamento que dou e ainda em muitos encontros fortuitos. Falo sobre a fé de diferentes maneiras, com muitas metáforas e exemplos para iluminar esse maravilhoso dom. Mas as palavras nunca são suficientes. Não é possível "compreender" a fé; só "obtê-la". "Obter" a fé, no entanto, é algo que geralmente se consegue ao compreender certas coisas sobre ela. Dizemos, por exemplo, que a fé nos anima. Ela anima o coração e a mente a acreditar em Deus e nas maneiras Dele sem que precisemos de provas científicas e materiais. A fé é o jeito humano de dizer sim à revelação divina — quando Deus se faz conhecido para nós.

Porém, no fim do dia, tanto para os fiéis quanto para os descrentes, quase todas as pessoas, quando livres das obrigações cotidianas, vão para o treino de futebol, trocam as fraldas sujas e mergulham nas contas que não foram pagas. Tanto para o fiel quanto para o descrente, a condição humana está quase sempre focada nas coisas mundanas. E por mais que desejemos tirar os olhos das coisas terrenas e focar nas coisas de Deus, o senso comum diz que a sobrevivência e o sucesso exigem que mantenhamos os pés plantados bem fundo na terra e os olhos voltados para a frente.

Essa realidade inevitável deveria servir para impulsionar a confiança na ideia de que o plano de Deus para uma vida cheia de fé nada tem a ver com viver com a cabeça nas nuvens. Ele nos colocou na terra e pediu que nós a "subjugássemos" (Gênesis 1:28, NVI). Não deveria ser algo espantoso, portanto, o fato de nos sentirmos um tanto quanto terrenos quando espalhamos os feitos positivos na terra, de acordo com o plano de Deus — isto é, quando subjugamos a terra. Mesmo meus deveres diários, que são tão focados na espiritualidade — preparar sermões, conduzir reuniões de equipe, fazer visitas a hospitais, pregar, orar —, são ações bastante humanas. Por mais espiritual que seja a atividade a ser realizada, precisamos chegar no horário, estudar a situação e trabalhar, o que não é nada fácil.

Mas isso não significa dizer que podemos desistir da tentativa de viver mergulhados na fé. Pelo contrário! Precisamos desistir do que muitos de nós pensávamos como se assim fosse — uma única profissão de fé em Deus ou nossa resposta a um mandamento divino impossível para que sempre pensássemos e agíssemos como anjos, ignorando o mundo e flutuando a 15 centímetros do chão.

A Cura Divina que começa com a *fé viva* é muito diferente desses dois enganos culturais bem comuns. A fé viva é um estilo de vida que orienta como viver os "momentos de confusão" na presença de Deus. É uma consciência do papel de cocriadores, ao lado de Deus, do cantinho que nos pertence no reino do amanhã. É uma vida cheia de propósito, cercada de tarefas e situações rotineiras.

A fé viva equivale a saber, até o osso, quem eu sou como filho amado de Deus, saber qual é a missão que devo realizar na terra; é ter consciência de quem estou destinado a ser e ter confiança no inestimável valor daquilo que estou fazendo aqui e agora como Sócio Minoritário do Espírito Santo, que é buscar a redenção. É uma vontade entusiasmada de fazer história, ainda que o resultado a ser obtido, se tudo correr bem, seja tão pequeno que ninguém irá notar.

A fé viva não é um jogo mental. Não se trata de um exercício mental de fidelidade às prioridades da vida durante uma viagem divina pela terra da culpa. Os filósofos já exauriram esse ponto e geralmente concordam em dizer que o "agir" segue o "ser" e que certas ações apontam para determinadas qualidades do ser. Se isso é verdade, então a consciência de ter sido criado pelo amor e à imagem e semelhança de Deus — ou seja, a consciência de quem somos perante Deus — permite a nós uma ação de qualidade sobrenatural e divina.

A fé viva é um estilo de vida e também remédio contra a superficialidade que drena a vida e extingue a capacidade de visualizar o sobrenatural. A superficialidade assume formas diversas, mas consiste, em sua essência, em uma visão bidimensional e horizontal da própria vida e da vida dos outros. A superficialidade é horizontal porque praticamente ignora a conexão "vertical" com Deus. Ela é bidimensional porque tenta as pessoas a se relacionarem com base na aparência, com base na profissão, em quem conhecem e — ainda pior — com base no que podem fazer por nós.

Apesar de haver um enorme espectro de níveis de sensibilidade espiritual, a boa notícia é que ninguém *nasce* superficial; nós chegamos a essa terra com a antena interna ajustada para captar aquilo que é profundo. A alma e a personalidade de uma criança são marcadas de forma inegável pela bondade, não pela cor descolada — ou não tão descolada assim — das paredes do primeiro quarto, nem pelo tamanho da casa de praia dos pais e nem mesmo pelas oportunidades educacionais nos primeiros momentos da vida. Uma criança se forma quase totalmente pela profundidade daquilo que a cerca, a começar pela quantidade de amor ao redor que ela experimenta. São os cuidados, os sussurros, a educação espiritual e as escolhas amorosas dos pais que forjam uma fundação sólida na vida da criança. Será que precisamos de prova maior de que as crianças são seres espirituais do que vê-las crescer e criar uma personalidade?

Crianças são seres profundos porque, em sua inocência, são puras, e a pureza é uma qualidade de profundidade inerente. Almas profundas são sensíveis aos assuntos de importância duradoura. Almas superficiais não conseguem enxergar além da primeira página.

Semana passada recebi um e-mail que fez meu coração acelerar e lágrimas brotarem em meus olhos. Eu não conseguia acreditar no que estava lendo. O e-mail fora enviado por uma menina de cerca de dez anos que frequentava a aula de religião que eu ministro a algumas famílias. Havia apenas uma linha: "Mal posso esperar para ir à igreja no domingo." Ainda era terça-feira e aquela garotinha de dez anos estava querendo ir à igreja no domingo?! Encaminhei o e-mail para a mãe dela, primeiro para deixar claro que a filha havia descoberto meu endereço eletrônico e escrito para mim, mas também para que pudesse ver a profundidade espiritual da filha, que costumava agir como se não estivesse prestando atenção na aula. A mãe respondeu: "Obrigada. Sim, dei seu endereço eletrônico para Michelle. P.S.: Toda noite, antes de dormir, ela lê um trecho do livro de oração que você deu a ela. Obrigada."

Conforme crescemos, fazemos escolhas que fazem evoluir ou regredir a sensibilidade para a realidade sobrenatural e para a importância disso na vida. Decerto perdemos alguma inocência — faz parte da vida —, mas não precisamos perder a pureza e a profundidade da alma. Mesmo que isso venha a acontecer, essas duas coisas estão ao nosso alcance enquanto tivermos fôlego, porque podem ser renovadas pelo trabalho humano com a ajuda de Deus.

Assim como um especialista em vinhos treina seu paladar para identificar e apreciar a qualidade dos vinhos provando exemplares de qualidade superior, também a pessoa de fé principiante se torna mais profunda e crê de forma mais profunda ao aumentar o contato com Deus. Ninguém consegue se tornar especialista em vinhos comprando sempre aquele que é mais barato. E nenhuma alma se torna mais espiritualizada sem penetrar a superfície das realidades aparentes e visíveis pelo *exercício* da fé.

A fé viva é possível depois de experimentar Deus através da fé em uma forma inicial (por meio do amor humano ou do contato com a beleza da criação divina, por exemplo) e pode ser aumentada ao aumentar-se a frequência do contato com Deus de forma direta, repetidamente, através da oração silenciosa. O crescimento mais rápido e poderoso dessa vida de oração acontece quando se cria o hábito de viver o momento *na presença divina* e ao realizar as tarefas cotidianas com perfeição que demonstra o amor por Deus.

Tentar cultivar a fé viva ao almejar a perfeição absoluta é impossível se medirmos o valor das atitudes pelos padrões humanos: "Quanto eu fiz hoje?", "Será que as pessoas que eu amo e respeito admiram meu trabalho?", "Será que poderia ter feito melhor se tivesse parado para pensar?".

Por outro lado, se medirmos o valor de nossas atitudes pelos padrões de Deus, acabaremos fazendo outras perguntas: "Será que agi de forma justa?", "Será que minhas intenções foram boas?", "Será que fiz o meu melhor?", "Eu me lembrei de pedir desculpas se cometi um erro e fiz com que outra pessoa sofresse?".

Ir além da superficialidade requer viver o presente. Hoje em dia é comum encontrar em muitos livros de autoajuda um chamado para a "presença", "atenção" ou "consciência". É um erro ignorar esse alerta como uma bobeira "New Age". Essas palavras indicam o reconhecimento do fato de que gastamos muita energia e de que sofremos sem necessidade quando focamos no que gostaríamos que o passado tivesse sido e no que desejamos que o futuro venha a ser. Tais comportamentos só impedem que vivamos o presente em toda a sua plenitude. Treinar a mente para viver o momento sem se distrair, como muitos desses autores ensinam, é algo bastante saudável; trata-se de um bom ponto de partida.

Mas a fé viva é muito mais do que foco ou controle mental. O homem ou a mulher que tem fé viva sabe e experimenta o porquê de o momento presente ser digno de ser vivido em plenitude. Como consequência, essa pessoa vive o momento de forma diferente, mais profunda, mais grata e com uma intenção transformadora.

Viver na presença de Deus começa e continua pelos passos do processo de Fazer o Caminho Reto. Antes de podermos nos deleitar na fé viva, no jardim da paz e do amor de Deus que se vê em uma alma purificada, é preciso antes limpar o rastelo e remover a erva daninha da natureza pecadora. No caminho dessa conversão, podemos começar a cultivar as sementes da presença divina. Podemos falar com Deus enquanto lavamos a louça, contratamos um empregado, dirigimos até o escritório de um cliente ou travamos uma discussão acalorada ao telefone. Falar com Deus não precisa sempre envolver frases nem pensamentos completos. É uma escolha às vezes consciente, às vezes inconsciente de viver de acordo com a identidade de filhos amados de Deus e de permanecer conectados a ele em um nível espiritual.

Você já viu um casal de idosos lendo juntos o jornal de manhã em uma padaria? Ainda que, na maior parte do tempo, eles não falem um com o outro, é possível notar que ambos estão aproveitando a companhia do outro. De vez em quando um aponta uma notícia ou uma fotografia, mas quase o tempo todo cada um está absorto em seus próprios pensamentos, lendo a seção que mais interessa, e, mesmo assim, estão fazendo aquilo *juntos*. Como os dias podem ser diferentes quando realizamos as tarefas cotidianas na presença de Deus, apontando algumas coisas para Ele, pedindo orientação, agradecendo, louvando.

Como dito no capítulo anterior, a fé viva efetua a cura do intelecto. Como somos seres humanos mortais, fracos e pecadores, o intelecto se limita pelo desejo e pode ser afetado pelo pecado. Se confiarmos no intelecto para obter um significado completo da realidade, acabaremos com uma visão incompleta. Assim como o cérebro recolhe os dados de nossos sentidos, processa e depois realiza um julgamento, de modo análogo a alma espiritual recolhe dados, processa e aceita, através da fé, a verdade sobrenatural que encontra por esse processo.

Colaborando com o trabalho da fé

A esta altura já devemos ter claro, depois de aprender como nos tornamos Sócios Minoritários do Espírito Santo e como fazer o caminho reto, que nenhuma parte da Cura Divina acontece sem a colaboração humana. O poder transformador da fé de transportar da superficialidade à fé viva consiste na cura que Deus realiza no intelecto. De forma irônica, essa cura só acontece quando escolhemos (com o intelecto!) permitir que Deus ilumine a mente com o dom da fé, conscientes de que a fé nunca é forçada e que deve ser aceita como dom gratuito.

Todas as pessoas que já experimentaram um ato de fé em Deus diante das tentações do desespero ou da descrença sabem que a fé não vem de modo fácil. Há muito abandono envolvido no processo. É preciso abandonar o orgulho. É preciso abandonar o medo. É preciso abandonar o desejo de controlar tudo. Convidamos Jesus a tomar as rédeas. Pode parecer fácil para o manso e para o humilde — pelo menos, um pouco mais fácil —, mas é algo extremamente difícil para a maioria das pessoas. Se um único ato de fé já é trabalhoso, então podemos esperar que o hábito da fé viva — o hábito de se banhar continuamente na fé como filho amado de Deus, de seguir em frente enquanto Jesus conduz as rédeas — seja um verdadeiro trabalho de paciência.

A reflexão sobre o que encerra todo esse trabalho transporta de volta para o terceiro e o quarto passos no processo de Fazer o Caminho Reto: (3) Entregue sua vontade às mãos de Deus e viva na confiança de que Ele o irá restaurar; (4) Comece a viver o chamado Novo Mandamento: "Amem-se uns aos outros como eu os amei."

Esses passos exigem bastante autoajuda — o exercício da vontade através da virtude e da oração. Não podemos esquecer, entretanto, que essa autoajuda só terá valor sobrenatural quando confiarmos de forma consistente essa obra espiritual ao Senhor.

Eu mesmo não sou milagrosamente isento dessa incumbência apenas por ser um padre. Foi preciso um ato de fé de partir o coração para que eu atendesse ao chamado de Deus de deixar para trás todos os sonhos nos negócios, na política, o sonho do casamento e da família para entrar em um seminário quando eu contava 21 anos. As escolhas a favor ou contra a fé que tive de fazer desde então, ao longo desses 17 anos, foram bastante desafiadoras. Em alguns casos eu estava preparado para enfrentar o desafio. Em muitos outros, no entanto, falhei. Pela graça de Deus, ainda estou aqui e continuo trabalhando todos os dias.

Durante os últimos três anos minha fé tem sido testada mais do que em qualquer outro período da minha vida. Certa noite, sem qualquer aviso ou premonição, recebi a notícia de que o homem que havia fundado a congregação religiosa em que me lancei e que estava em seu cargo por sessenta anos, um homem a quem vim a conhecer pessoalmente e muito amar e que eu mantinha como inspiração de como seguir a Jesus era, na verdade, uma pessoa bastante diferente do que eu pensava. Esse homem permitira que eu e muitos outros víssemos um lado de sua vida — o lado repleto de boas obras, de genialidade organizacional, de gentileza, de bondade e compaixão e uma fachada de profundidade espiritual que eu jamais havia testemunhado em qualquer outra pessoa. Pessoalmente, dele nada recebi além de bondade e não duvidei nem uma única vez de que a experiência que tinha com ele era diferente da que qualquer outra pessoa tivera. Tudo que ele me permitia ver testemunhava a favor de tais ideias: ele devia ser um homem fiel e cheio do Espírito.

Conforme iam passando dias e meses após as primeiras notícias das fraudes cometidas por ele, cada vez mais notícias vinham à tona, expondo muitos lados de sua vida — aspectos que eu jamais havia visto ou que nunca poderia imaginar que pudessem coexistir em alguma pessoa, quanto mais naquele homem. Deixando de lado os julgamentos pela culpabilidade de seus atos (pois somente Deus conhece o coração das pessoas), o que sei é que meu primeiro pai espiritual — o homem que me convidou a integrar a congregação religiosa que ele fundara (uma ordem religiosa da qual não faço mais parte) e que me encorajou durante muitos anos ao longo do caminho — era, na verdade, um pedófilo, plagiador, impostor e pai ausente de muitos filhos ilegítimos, além de ser um manipulador em proporções bíblicas. Por fim, o Vaticano o sentenciou como "privado de qualquer sentimento religioso".

O homem que por anos me ensinou a acreditar que Jesus era o caminho, a verdade e a vida, estava secretamente envolvido em uma rede de atividades tão antiéticas em face dos ensinamentos de Jesus quanto se pode imaginar.

Enquanto tenho lutado com essas revelações, mal consigo imaginar quanto as vítimas diretas dos abusos sexuais e psicológicos daquele homem sofreram mais do que eu, e ainda hoje continuam sofrendo. Meu coração chega a sangrar quando penso nessas pessoas. Muito me arrependo por não ter acreditado antes nas notícias que chegavam e por ter feito parte de uma multidão de seguidores que acreditaram e até proclamaram que as vítimas eram os verdadeiros vilões.

Alguns de meus amigos e colegas se sentiram traídos — de forma compreensível e talvez até saudável — ao tomarem conhecimento das transgressões desse homem. Muitos dedicaram os melhores anos da vida para colaborar com a missão estabelecida por ele. Outros chegaram a ser até benfeitores e contribuíram com grandes somas de dinheiro; outros foram homens e mulheres de grande reputação que usaram de seu bom nome para defendê-lo das acusações, acreditando no que achavam ser a verdade.

Não consigo contar essa história sem ser esmagado pela dor. Se eu pudesse saber, como um jovem idealista no alto de seus 21 anos, que dizer sim para Deus significaria deixar tudo para trás para seguir os passos de um homem que, anos mais tarde, alguns psicólogos iriam rotular como psicopata e sociopata, decerto eu ficaria espantado com o futuro que me aguardava. Em vez de seguir esse caminho, teria escolhido viver nos subúrbios em uma casa com uma cerca branca. Fico feliz por não ter sabido do futuro de antemão, pois estou muito contente onde estou hoje. Agora, já há muitos anos vivendo esse drama, posso dizer com confiança que acredito que Deus me chamou para percorrer o que se provaria um caminho deveras tortuoso, e muito agradeço por Ele ter me concedido a graça de dizer sim.

Conto aqui a minha história porque acho difícil convidar vocês ao meu mundo espiritual, especialmente quando os convido a criar a fé viva, sem abrir todo o meu coração e mostrar como e por que minha alma funciona como é hoje.

Esse acontecimento abalou todo o meu ser e, espero, continuará me abalando por inteiro até o dia em que eu morrer. Digo isso porque, em meio a esse terremoto espiritual, encontrei novos meios de experimentar a fé viva, não mais como um soldado aparentemente perfeito esconde suas cicatrizes de batalhas, mas antes como um amigo de Jesus que foi espancado e que sangrou em público como Ele.

Não sei bem por quê, mas ao contrário de algumas pessoas muito mais santificadas do que eu, não sinto a menor amargura em relação a esse homem. Não tenho um grama sequer de ira em meu coração no que diz respeito a ele. Se ele batesse hoje à minha porta, eu sentiria apenas misericórdia e gratidão a Deus por Ele ter me abençoado através desse homem — e também por tudo que Ele fez. É óbvio que essa atitude tem menos a ver com qualquer virtude e mais a ver com a experiência parcial e subjetiva que tive de sua vida. Talvez certa medida de tal atitude também se deva à minha personalidade, pois todo mundo experimenta e lida com as coisas de forma única — um princípio sacrossanto que deve ser lembrado sempre que falamos do sofrimento humano. Não obstante, nada disso significa que passei por toda essa situação sem um arranhão sequer. Enquanto outras pessoas em situação semelhante à minha se sentem atingidos pelos sentimentos de traição e por memórias do passado, o desafio espiritual que tenho enfrentado depois do choque inicial consiste em discernir o que a fé me diz a respeito de seguir em frente. Trabalhar buscando alcançar a fé viva sob essas novas circunstâncias tem sido um desafio e uma grande fonte de alegria, ao mesmo tempo. Lembrar todos os dias de quem eu sou como filho de Deus e do plano criativo e inexorável de Jesus de me atrair para si mesmo é o que uso para me situar em meio a essa tragédia toda. Minha fé em Deus, apesar de ter sido perturbada, continua a me assegurar do caminho reto e estreito que Ele planejou para mim. Meu caminhar agora consiste em voltar aos fundamentos da fé viva. Sem dúvida me encontro sob novas circunstâncias, mas o amor de Deus por mim não mudou nem um pouco, e minha fé se encontra *Nele*, não em seres humanos ou em uma instituição.

Quando revejo os passos envolvidos no processo de Fazer o Caminho Reto — um processo em que acredito com grande ardor —, sei, nesta altura da vida, que tenho um trabalho especial para realizar no terceiro e no quarto passos, como citados anteriormente: entregar minha vontade às mãos de Deus e viver na confiança de que Ele me irá restaurar e viver o chamado Novo Mandamento de amar aos outros como Jesus nos amou. Ambos os passos vão na direção oposta da autocomiseração. Minha fé viva — em mim encarnada quando vivo o momento consciente de quem sou e de quem devo ser — não dá espaço a lamentações. Minha fé tem tamanha consciência do amor de Deus que não se demora em coisas que não pode reverter ou fazer desaparecer. A fé viva é poderosa porque se trata antes de Deus e do chamado Dele em minha vida para viver por Ele e pelos outros do que diz respeito a mim e ao passado.

Thomas Merton, um monge bastante conhecido e autor de livros místicos do cristianismo contemporâneo, foi uma alma bastante espiritual que enfrentou grandes sofrimentos e confusões. Em certo período de extrema dificuldade em sua vida, ele escreveu a oração que se segue. Muito a admiro por sua transparência. Ela demonstra uma fé verdadeira, viva e que habita a alma humana, ainda que Merton estivesse tentando conhecer a vontade de Deus para sua vida.

> *Senhor, meu Deus, não tenho ideia de para onde estou indo. Não vejo o caminho diante de mim. Não posso saber com certeza onde terminará. Nem sequer, em verdade, me conheço. E o fato de eu pensar que estou seguindo Tua vontade, não significa que realmente o esteja. Mas acredito que o desejo de Te agradar*

Te agrada, de fato. E espero ter esse desejo em tudo que estiver fazendo. Espero jamais vir a fazer alguma coisa distante desse desejo. E sei que, se agir assim, Tu hás de me levar pelo caminho certo, embora eu possa nada saber sobre o mesmo. Portanto, hei de confiar sempre em Ti, ainda que eu possa parecer estar perdido e sob a sombra da morte. Não hei de temer, pois Tu sempre estás comigo, e nunca hás de deixar que eu enfrente meus perigos sozinho.

— De *Na liberdade da solidão*, Thomas Merton

Você consegue ver como o processo de Fazer o Caminho Reto verdadeiramente serve para abrir espaço para o Senhor? Por um lado, isso nos direciona para princípios espirituais. Por outro, impede que tornemos por demais espiritualizada a nossa jornada na terra. Às vezes, *dizemos* que precisamos de mais fé, mas, a menos que nos façamos dispostos a enviar um sinal para que Deus entre e transforme nosso coração, no fundo, não *desejamos* mais fé de verdade. Se eu não reconhecer meu próprio sofrimento, a necessidade que tenho de Deus, e se eu não entregar as rédeas de minha vida para Ele, tendo a vontade de corrigir meus erros anteriores, então estarei apenas vagando pela terra com uma placa sobre minha cabeça, voltada para o céu: "Deus, fique longe!"

Acabamos erguendo essas placas que dizem "Não preciso de sua ajuda" por diversos motivos. Conheço certa senhora que é dona de um maravilhoso apartamento de três quartos em um condomínio praiano, cuja varanda tem vista direta para o mar. Apesar de o dinheiro não ser um problema para ela, o apartamento se encontra em terrível estado. A casa, que poderia ser objeto de inveja de seus vizinhos, é um monumento ao medo de mudança daquela senhora. Ela odeia as janelas velhas e barulhentas, mas não consegue suportar a ideia de um engenheiro mandar arrancá-las. Os aparelhos eletrodomésticos não funcionam, mas comprar equipamentos novos significaria "ter o trabalho de ficar tirando e colocando coisas dentro e fora do apartamento". Nós agimos do mesmo modo para com Deus: sabemos que ele deve ser uma parte mais importante da vida, mas tememos o desconforto de ter de fazer a nossa parte.

A transição do trabalho de endireitar o caminho que cabe a *nós* para o trabalho de alimentar a fé viva que cabe a *Deus* não é linear. Jamais cessamos de passar da autoajuda à ajuda divina, pois ambas estão inter-relacionadas e são inseparáveis devido à vontade divina. É impossível criar hábitos perfeitos de autodisciplina que nos permitam descansar nos louros da vitória, flutuando nas nuvens, esperando que Deus faça sua parte. A fé viva é diferente em qualidade e melhor do que a prática da virtude humana, mas ela sempre será alimentada pela vontade e pela ação constante de preparar a natureza humana para a graça do momento e para a graça que Deus tem reservada para nós.

Adentrando a fé viva com um "sim"

Já dissemos que a fé viva é um estilo de vida usado como remédio contra a superficialidade. Mas como chegamos até ela? "Estilo de vida" implica falar sobre um padrão consistente de pensamentos e ações, e esse, posso assegurar, é o único caminho pelo qual a fé pode transformar alguém. A fé como estilo de vida é o único modo com que podemos ficar cheios do Espírito. Mas o poder transformador da fé não aparece como efeito natural da repetição de uma ação, como acontece no caso da formação da virtude humana (se eu pular da cama todos os dias quando o alarme soar, com o tempo ficará mais fácil fazer isso — assim são as virtudes humanas). A fé é infundida na alma por ação direta de Deus em resposta aos sinais que damos de que de fato queremos esse dom. Se damos repetidos sinais e Ele, por sua vez, nos dá cada vez mais fé, com o tempo passamos a pensar e agir de acordo com essa compreensão nova e mais profunda da realidade. Acreditar em Deus se torna pensar com Deus e participar de Sua vida e de Sua obra.

Enquanto crescia, eu costumava pensar que meus pais eram perfeitos. Na minha casa, "Porque eu estou dizendo!" dito por mamãe ou papai, em especial por papai, era razão mais do que suficiente para encerrar qualquer discussão. Eu achava que eles não podiam estar errados porque eram os pais (apesar de eu ter percebido mais tarde, enquanto fui um adolescente-sabe-tudo, que eles *geralmente* estavam errados!). Depois que todos os sete filhos de meus pais ficaram mais velhos e saíram de casa, muito nos divertia lembrar o passado e analisar a criação que recebemos. Não é incomum haver risadas que chegam ao ponto da histeria nas reuniões de família sempre que nos lembramos de alguma história de como escapávamos dos olhos atentos de mamãe e papai. Hoje, eles ficam embasbacados ao saber como escapávamos e, de forma surpreendente, reagem muito bem a tudo; alguns anos atrás, no entanto, nenhuma dessas histórias seria motivo de riso, disso tenho certeza!

Ainda mais interessante do que rememorar as aventuras infantis tem sido vivenciar um relacionamento adulto com mamãe e papai. Talvez em parte por eu ser o padre da família, mas também por meus pais serem cada vez mais abertos com todo mundo sobre sua caminhada espiritual, aprendi mais sobre meus pais nos últimos cinco anos do que nos 32 anos anteriores. Quanto mais sei sobre eles, inclusive sobre o passado imperfeito e as histórias dos bastidores de seu relacionamento e o trabalho que tiveram para nos criar, tanto mais eu os respeito, adoro e tento aprender com eles. Sempre que tenho um caso complicado nas mãos, quando enfrento problemas pessoais, quando preparo um discurso ou quando escrevo um livro, busco o conselho deles. Em relação a experimentar a fé viva, ambos me passaram uma incrível sabedoria.

Mamãe gosta de colocar seus pensamentos no papel, geralmente durante algum momento da manhã quando não consegue dormir ou quer aproveitar o silêncio matinal. Quando fala sobre o que a ajuda a viver a fé como estilo de vida, mamãe sempre se volta para a importância de saber quem somos diante de Deus e o que nos torna maravilhosos como conhecimento fundamental para tudo o mais. A fé viva dessa mulher é notavelmente forte porque ela extirpou de si as falsas noções de seu valor próprio. Ela conta que não conseguiu isso do dia para a noite. Aquilo em que ela acredita e vive hoje em dia é incrível. Leia a carta que recebi esta semana:

Costumo definir meu papel nesta vida como sendo uma mãe para meus filhos, uma esposa para meu marido, uma avó, uma agente social, uma amiga, uma irmã para Ralph e para a maravilhosa Mary Ellen e para Therese, Loretta e Andrew, filha de Ralph e Mary, uma católica, uma fiel renascida e membro deste ou daquele grupo, os quais todos amo. Minha vida está repleta de relações como estas. Mas quer saber? Sou muito preciosa para Deus mesmo fora de cada um desses grupos e dessas pessoas im-

portantes em minha vida. Minha vida tem significado e uma "vocação" apenas porque eu tenho vida. Se a minha igreja desmoronasse; se eu tivesse de me mudar e não pudesse mais ficar perto de meus netos; se meus filhos se mostrassem verdadeiros fracassos e se afastassem de Deus e de mim e do pai deles; se meu irmão não fosse Ralph Martin ou Andrew Martin e se meus filhos não fossem Joy ou Joseph ou padre Jonathan ou Mary Hope ou Christine ou Anne Marie ou Bobby; se meu marido me deixasse ou morresse; e mesmo se todos os meus amigos decidissem que não é mais tão agradável ficar perto de mim e eu acabasse sem amigos, sem casa e sozinha — minha vida ainda teria significado e uma "vocação" apenas porque eu tenho vida e porque sou a filha de um rei divino. Quando penso nisso, através da fé, também tenho esperança.

Enquanto a maioria das pessoas enxerga nas dificuldades da vida um lugar onde *não* encontrar nada, a felicidade pode ser aprendida através de uma visão positiva das coisas, especialmente através do que Deus revela na Bíblia a respeito de quem somos. Em verdade, já o primeiro livro da Bíblia revela quem somos e o que estamos fazendo na terra.

> Então o Senhor Deus formou o homem do pó da terra e soprou em suas narinas o fôlego de vida, e o homem se tornou um ser vivente. (Gênesis 2:7, NVI)

> Então disse Deus: "Façamos o homem à nossa imagem, conforme a nossa semelhança. Domine ele sobre os peixes do mar, sobre as aves do céu, sobre os animais grandes de toda a terra e sobre todos os pequenos animais que se movem rente ao chão." (Gênesis 1:26, NVI)

Aprendemos muitas coisas sobre nós mesmos nesse registro da criação da humanidade por Deus. Primeiro, que homens e mulheres são seres físicos e materiais. Fomos criados "do pó da terra", como qualquer outra criatura. Em outras palavras, não somos anjos! Precisamos de comida, de água, de sono e da luz do sol. Temos vontades e desejos reais e podemos experimentar dor e prazer reais devido ao corpo que Deus nos deu. E tudo isso é bom! O corpo é bom. A sexualidade é boa. O amor pela comida é bom. A materialidade foi dada por Deus e não deve ser rejeitada; tudo isso ele desejou desde o começo. Mas também depreendemos dessas passagens que somos seres espirituais: Deus "soprou em [nossas] narinas o fôlego de vida". Ele não fez isso com as árvores, nem com outros animais. O dom especial que Deus reservou para nós é a alma reavivada por seu próprio Espírito. Na segunda passagem citada anteriormente, o autor do livro do Gênesis conta o que significa esse compartilhar do Espírito. Falando no plural, Deus (as três pessoas da Trindade — Pai, Filho e Espírito Santo) diz: "Façamos o homem [e a mulher] à nossa imagem, conforme a nossa semelhança." Junto com o anúncio da encarnação de Jesus e com a história da paixão, essa é uma das frases mais importantes da Bíblia. Deus está dizendo que Ele nos ama tanto que Ele nos fez semelhantes a Ele mesmo! A Trindade soprou o Espírito dentro de nós e acabamos "conforme a semelhança de Deus".

Não faz sentido, portanto, a ideia de que tanto quanto rejeitarmos a presença de Deus em nossa vida estaremos rejeitando nossa própria natureza? É por tal motivo que encontramos pedaços de felicidade em muitas das criaturas de Deus, pois elas são, em certa medida, parte da natureza de Deus; não obstante, a felicidade suprema só pode ser encontrada na união com Ele e na vontade que Ele tem para a nossa vida. Essa união com Deus acontece pela fé e começa com a decisão de permitir que Ele entre na nossa vida, passando então pela fé viva e chegando à conclusão no céu, onde toda lágrima será enxugada.

A seguir, a segunda parte da carta que minha mãe enviou. É a história de sua busca por significado e de seu primeiro ato de fé:

Eu gosto de falar sobre "encontrar significado" na vida, porque lidei com esse assunto durante toda a minha vida. Acho que todos lidam. Lembro-me de sentir a "escuridão" durante o colegial, e de buscar "significado" em outros lugares que não a diversão e as brincadeiras que faziam parte da minha vida naquele momento. Hoje, percebo que parte dessa "escuridão" eram apenas meus hormônios causando uma confusão enorme em minha psi-

que durante os ciclos menstruais! Mesmo assim, naquela época, ninguém tinha o costume de conversar sobre essas coisas e eu não tinha a menor ideia de como as mulheres podem ficar irritadas e ansiosas nesse período. Eu costumava pensar que aquilo era algo meu, a Sharon profana. Não obstante, até mesmo a escuridão e o anseio por significado me levaram a buscar o "algo a mais" que, por fim, acabou me levando a entregar a vida a Cristo.

Entrei na Universidade Salve Regina em Newport, Rhode Island. É a mesma cidade em que Jackie e o presidente Kennedy tinham sua casa de verão. Um lugar com grandes mansões e penhascos cercando o mar da baía — era bem legal. (Meu pai tinha tirado a sorte grande na loteria, ganhando o terceiro prêmio, e esse dinheiro serviu para pagar nossos estudos universitários.) Quando era época de provas, eu estudava sentada em um desses penhascos. Escrevi a minha tese sobre os candidatos a oficiais para a Escola de Cadetes (trezentos homens lindos chegando à cidade a cada três meses!). Aquela era a "boa vida". Mas foi em meio a toda essa "boa vida" que a depressão conseguiu me encontrar de novo. Comecei a perceber que, apesar de ser católica e assistir à missa aos domingos e até em alguns dias da semana, minha vida não parecia muito diferente da vida de alguns ateus que eu vinha namorando.

Que diferença fazia Cristo em minha vida? Que significado havia em minha vida? Eu sentia que estava sendo uma grande hipócrita. Com alguma dificuldade, tomei a decisão de parar de frequentar a igreja e comecei a procurar respostas.

Quase no fim do meu ano de caloura na universidade, enquanto eu continuava nessa busca e minha vida tomava rumos que eu não queria percorrer, recebi uma carta de meu irmão, Ralph — e não poderia ter sido em melhor hora! Faço questão de dizer que essa foi a primeira vez que ele escreveu uma carta para mim. Durante a época da escola, eu costumava entregar bilhetinhos escritos por uma menina que era louca por ele. Porém, nessa correspondência histórica ele contava como viera lutando com sua fé e procurando respostas, mas que havia encontrado aquilo que andara procurando. Ele havia encontrado Jesus. Ele desejava que eu também conhecesse Jesus e perguntou se eu gostaria de passar o verão em Michigan, vivendo perto dele e trabalhando com alguns migrantes mexicanos.

E que férias de verão foram aquelas! Valeu a pena não só por poder ter trabalhado com gente que precisava da minha ajuda, mas também por ter treinado bastante meu espanhol. Durante aquele verão trabalhei com um grupo de jovens muito felizes. Eu nunca tinha visto tamanha felicidade na muito chique Newport. Eu queria ter o que eles tinham. Durante nosso tempo livre, um jovem seminarista começou a ler a Bíblia para mim e comecei a sentar no último banco da igreja durante os serviços. Um dia, Ralph me levou até um pequeno morro. Sentamos e começamos a conversar, e ele perguntou se eu gostaria de oferecer toda a minha vida a Cristo.

Muitas perguntas sem respostas voaram por minha mente, mas tive a certeza de que todas seriam respondidas com o tempo. Naquele momento, entreguei minha vida a Cristo. Que graça maravilhosa, como foi bom! Então, fui me confessar, dei as costas para os pecados e liguei para o rapaz que eu estava namorando em Newport, dizendo que não poderia tornar a vê-lo. Ele era ótimo, mas nossos caminhos já não coincidiam. A vida havia se transformado em um instante, e essa transformação já dura 42 anos — quase toda uma vida. Minha vida passou a transbordar significado a cada passo que eu dava. Eu estava caminhando com o Espírito Santo!

Com toda a certeza, a vida da minha mãe é absolutamente cheia do Espírito. Foram raríssimas as vezes em que a vi gritar ou chorar, tenho certeza, e poucas foram as vezes em que discordamos (os assuntos de tais discussões — quase sempre tratando do que é certo e do que é errado — são, provavelmente, o melhor sinal de que ela é cheia do Espírito!). Ela bem poderá dizer, no entanto, que aquele ato de fé de 42 anos atrás, por mais monumental e transformador que tenha sido, não fez com que todos os problemas desaparecessem. Também não serviu para pagar todas as suas contas, nem fez com que ela passasse a ver a tarefa de trocar as fraldas de seus sete filhos como algo maravilhoso. Sua fé não fez com que meu pai dissesse quanto a amava toda vez que a via, como bem sei que ela gostaria que tivesse sido. E até arrisco dizer que houve tempos em que ela teve de se agarrar a uma fé bem seca, tempos em que o significado e a alegria da vida escaparam a ela.

Com o tempo aprendemos que não há nada surpreendente em ver a fé ser testada. Raras são as vezes em que a fé cura o intelecto de uma vez só, fazendo com que alguém pense, aja e sinta o mundo com o coração de Deus praticamente do nada. A fé viva precisa de tempo, de suor e, às vezes, até de sangue para acontecer, pois ela é a soma de várias pequenas curas. Por outro lado, o processo demorado da aquisição da fé viva raramente se realiza sem que haja um acontecimento inicial (ou uma série de acontecimentos) que leva à aceitação radical e definitiva de Deus na nossa vida. Talvez você já tenha ouvido algumas pessoas se considerarem "católicas de berço", ou "cristãs de berço". Com isso elas querem dizer que foram criadas aprendendo sobre a fé, e decerto isso é uma bênção. Mas jamais conheci uma pessoa profunda e cheia do Espírito que não tenha, vez ou outra, tomado uma decisão séria e adulta de viver por Deus e para Deus. Às vezes essa é uma decisão dramática, como foi com minha mãe; em outras ocasiões, essa decisão não vem acompanhada de fogos de artifício espirituais. Deus é criativo e Ele nos encontra onde estamos e de acordo com a sensibilidade, as preferências e a personalidade que temos.

Qual é a diferença entre a decisão que tomamos com o terceiro passo do processo de Fazer o Caminho Reto, que consiste em entregar a vontade às mãos de Deus e viver na confiança de que Ele nos irá restaurar, e esse primeiro "sim" a Deus em relação à fé viva? É a mesma diferença entre dizer sim à ideia do casamento e dizer sim ao homem que você ama que está ajoelhado oferecendo uma aliança bem à sua frente. É a mesma diferença entre a crença intelectual em uma força maior e um consentimento prático a um Deus que ama você intimamente e que tem um plano maravilhoso para sua vida se desenrolando. Ambos são importantes. O primeiro "sim" leva ao segundo, que é um dom muito especial — um dom que vale a pena pedir que aconteça!

Falando em decisões adultas em relação à fé, você se lembra de Jim e Samantha, do capítulo 2? Ele era um mentiroso compulsivo, como talvez você se lembre, o que deixou Samantha compreensivelmente preocupada conforme o casal foi se envolvendo. A certa altura eles decidiram ficar separados até que Jim tivesse tudo sob controle. Essa iniciativa partiu de Jim e ele tinha a mais sincera das intenções. Através da graça de Deus ele fez um inventário moral completo e sincero de sua vida. Ele aceitou que esse hábito de mentir havia começado muito antes de conhecer Samantha e que a tensão que havia entre os dois não se devia a um "exagero de sensibilidade" da parte dela. Com ajuda, ele por fim compreendeu o hábito de mentir como consequência de uma vaidade arraigada nas profundezas do ser — uma vaidade exagerada que provinha da insegurança que, por sua vez, estava enraizada na baixa autoestima que tinha, provavelmente criada por conta da desaprovação e do abandono constante que sentia vindo de seu pai quando era mais novo. Com um pouco de ajuda humana e com muito da participação de Deus (que trabalhou de forma discreta e em turno extra), Jim chegou ao ponto em que aceitou sua incapacidade de parar de mentir. Tomar consciência de tudo isso deixou Jim bem para baixo. Para ele, essa incapacidade se traduzia como falta de esperança, algo que para muitos de nós é rapidamente associado ao pensamento de que "a vida não vale a pena". A não ser, é claro, que haja um poder maior que pode e deseja intervir e dar poder aos seres humanos! Jim já acreditava em Deus, mas o desafio dele era deixar a superficialidade para trás, onde a vaidade e a insegurança o mantinham refém, para entrar na aventura da fé viva, onde poderia descansar, com toda a sua imperfeição, no coração de Deus.

Para isso, antes era necessário que Jim trabalhasse um pouco mais para fazer o caminho reto para o Senhor. No caso específico de Jim, ele precisava renovar a crença de que Deus poderia restaurá-lo e precisava decidir mais uma vez entregar a vida e a vontade a Deus e viver o Novo Mandamento de amar a Deus e ao próximo sobre todas as coisas.

Se esses dois passos — o terceiro e o quarto — parecem surgir o tempo todo, é porque se trata de um projeto que dura toda a vida. Esses passos estão no começo, no meio e no fim da Cura pela Fé-Esperança-Amor. Eu sou prova viva disso. Se você lembrar, quando contei a história da provação à minha fé mais recente, terminei reconhecendo que esses passos são exatamente a parte humana do trabalho espiritual que tenho hoje diante de mim. Mesmo depois de anos estudando, ensinando e tentando viver a fé, o ideal da fé viva me chama de volta à honestidade e à humildade simples diante de Deus e ao exercício da vontade de fazer o caminho reto.

O início da caminhada de Jim na fé viva redefiniu as expectativas que eu tinha sobre a graça de Deus. Por mais que sempre tivesse apreciado da fé que tinha e da comunidade da igreja que frequentava, o compromisso que Jim tinha para com Deus era bastante superficial, fato que ele de pronto reconheceu. A identificação que ele tinha com a fé cristã era, em grande parte, apenas social e cultural; era a fé de seus pais, que tinham bastante orgulho dele por ainda praticar a fé mesmo na idade adulta e em um lugar tão profano quanto a cidade de Nova York. De modo muito semelhante a Pascal, com sua famosa aposta sobre a existência de Deus, Jim optava pela segurança ao acreditar que Jesus era quem dizia ser, sabendo que teria pouco a perder se Jesus estivesse errado e todo o céu para ganhar se estivesse certo. Mesmo depois de Jim, por causa da crise no relacionamento, ter iniciado a obra sincera de fazer o caminho reto, Jesus continuava a ter pouco a ver com a vida que Jim levava na cidade de Nova York. O objetivo de Jim era apenas voltar ao caminho certo e à vida boa, e ele sabia que uma força maior deveria estar envolvida no processo.

Essa abertura a Deus foi o suficiente para Jim aceitar um convite para participar de um retiro durante um fim de semana em Long Island. O retiro foi bastante silencioso, mas os participantes tiveram um tempo para falar em separado com o diretor. O diretor, depois de conversar com Jim, incentivou-o com grande sabedoria a orar pedindo pelo dom da fé, e pediu que Jim levasse sua intenção ao grande encontro que haveria na última noite do retiro. Quando o diretor e os demais participantes oraram por Jim pelo dom da fé durante aquele último encontro de oração, Jim sentiu uma profunda sensação de paz e serenidade tomar conta de sua alma. Nada de muito radical aconteceu a ele, mas ele soube, daquele momento em diante, que Jesus era seu amigo e Salvador e que ele queria viver o resto de sua vida por Deus.

Você já pediu que Deus entre em sua vida desse mesmo jeito? Esse exato momento é uma oportunidade tão boa quanto outra qualquer. Se você também acredita nisso, junte suas mãos, feche os olhos e relaxe o corpo inspirando profundamente por cinco vezes, erguendo os ombros enquanto inspira e deixando-os cair devagar enquanto expira. Agora, em suas próprias palavras, fale com Jesus. Não peça por outra coisa que não o dom de conhecê-Lo e de entrar em um relacionamento íntimo com Ele, seu amigo, Senhor e Redentor.

Porque Deus muito nos respeita, porque Ele nunca força Sua graça sobre nós, é apenas através do convite que fazemos para que Ele seja hóspede de nossa alma que podemos dar início à obra de sermos Sócios Minoritários na Cura pela Fé-Esperança-Amor.

Mesmo se você já tiver convidado Deus muitas vezes para fazer parte da vida, é sempre um exercício de fé e humildade repetir esse gesto.

Quando Jim voltou do retiro e compartilhou comigo a experiência que teve, eu soube na hora que algo havia mudado. Até aquele momento, todo o trabalho de melhoria interna que Jim tentava realizar estava focado nele e em Samantha. Ele queria consertar a si mesmo porque era o único jeito de ter Samantha de volta. Ele havia se convencido de que precisava de Samantha para ser feliz — além do mais, mesmo que não funcionasse com ela, ele precisava estar em forma para quem quer que namorasse depois! Ele não conseguia aguentar a vergonha do modo como funcionava. Na conversa que tivemos depois do retiro, porém, Jim só mencionou Samantha uma única vez. Mesmo o tom que ele usou para pronunciar o nome dela estava diferente, mais amoroso, decerto mais humilde. Agora só faltava a parte de Samantha, não mais a dele. Ter experimentado a presença e o amor de Deus levou Jim a ver o antigo relacionamento e as antigas circunstâncias de outro jeito. Ao fim de uma semana, em especial nos momentos de oração, o intelecto e o coração de Jim se abriram a uma nova realidade — a graça — em que o acreditar em Deus é transformado de costume cultural em certeza existencial.

Amadurecendo através da oração e do sacrifício

O primeiro, o segundo e o milésimo sim que dizemos a Deus são — como acabei de descrever — apenas o começo da caminhada da fé viva. Como um escultor que pouco a pouco martela com seu cinzel, dia após dia, com o objetivo final de revelar a figura que está esperando para surgir no bloco de mármore, alcançamos a cura do intelecto ao tomar todo dia a decisão de viver a fé, um processo que acontece devagar e que pode ser doloroso. Há altos e baixos. Esquecemos o objetivo. Há os dias em que nos sentimos espiritualizados; há os dias em que não sentimos nada. Há momentos de confusão em que os conceitos da fé viva e da fé espiritual soam como uma grande besteira.

Esse pântano de emoções variadas pelo qual nós humanos inevitavelmente passamos não deve ser confundido com um aviso de estar no caminho errado. Quando estivermos no céu iremos amar a Deus sem fazer o menor esforço, pois iremos vê-lo como Ele realmente é — o intelecto terá sido curado por inteiro —, mas, por hora, a fé imperfeita é que serve de guia para a vida. Viver através da fé *deve* mesmo ser um trabalho duro.

A maneira mais garantida de fortalecer a fé é através dos hábitos da oração e do sacrifício. A vida de oração constante e a disposição de sacrificar o conforto na tentativa de alcançar os objetivos são as duas melhores maneiras de diminuir o espaço entre a tendência ao desânimo e o plano maravilhoso que Deus tem para nós. Juntos, a oração e o sacrifício formam uma ponte. A graça de Deus nos move por essa ponte através da Cura pela Fé-Esperança-Amor.

A vida de oração constante pode assumir muitas formas. Já conheci pessoas que conseguem permanecer na presença de Deus e conversar com Ele dentro da alma (essa é a essência da oração) enquanto realizam as tarefas do dia a dia. Um contato contínuo como este deve ser o objetivo de todos. Mas jamais encontrei alguém que tenha alcançado esse tipo de contato contínuo com Deus sem antes dedicar algum tempo reservado apenas para a oração e que tenha respeitado esse tempo durante um grande período, quase sempre, muitos anos. Para ter uma vida de oração constante é preciso arranjar um espaço na agenda de todos os dias para meditar ou contemplar as verdades espirituais (sendo as Escrituras a fonte mais comum) e para ouvir e falar com Deus conforme Ele transforma a mente e o coração à semelhança divina através da graça.

Se a vida de oração constante e diária não for respeitada, a tendência é que a oração surja apenas nos momentos de inspiração ou de grande dificuldade, que provavelmente poderia ter sido evitada se houvesse o respeito à oração frequente. Se o crescimento espiritual depender apenas dos momentos de bem-estar ou dos momentos de profunda tristeza — de modo geral, os maiores gatilhos —, então esse crescimento será muito vagaroso. Já percebi que os momentos em que a oração é mais importante se dão quando não tenho vontade de orar ou quando não há um pedido especial para fazer. Todo dia em que somos fiéis ao tempo reservado para a oração enviamos um sinal para Deus que pede a Ele que penetre em nossa alma. Será apenas coincidência os dias em que não temos vontade de orar serem justamente os momentos em que mais precisamos que Deus entre nela?

A seguir, escrevi um rascunho simples para o momento de oração. Eu o ofereço como sugestão, principalmente para os iniciantes. Oro de acordo com esse esboço todas as manhãs. O formato desse rascunho se baseia nos passos da meditação cristã tradicional. Quando não sentimos vontade de orar ou quando não nos sentimos espiritualizados ou inspirados, esquemas como o que se segue podem nos ajudar a entrar na presença de Deus. A arte da meditação cristã é um tesouro perdido, esperando ser redescoberto pelos cristãos de nossos dias. Talvez você considere os exercícios de respiração ou outras técnicas orientais métodos bastante úteis para se recuperar do enrijecimento físico e emocional causados pelo mundo desgastante em que vivemos. Nesse contexto, considero tais técnicas úteis. Mas a meditação cristã leva necessariamente além da meditação oriental: é o encontro com Deus, não apenas com o próprio "centro". Acredito que há tantas maneiras boas de orar quanto há pessoas nesse mundo. Se você conhece alguma maneira de orar melhor do que a que eu ofereço aqui, sinta-se à vontade para escolher. Eis o que funciona para mim:

1. *Encontre um lugar e uma postura que menos o distraem e que deixam você mais aberto para os sussurros de Deus.* Para alguns basta tomar uma xícara de café em uma poltrona confortável; para outros, ajoelhar na igreja; para outros, ainda, sentar-se no chão com as pernas cruzadas. Experimente lugares e posturas diferentes para descobrir o que funciona melhor para você. Lembre-se, você não está buscando aquilo que é necessariamente mais confortável, mas o lugar e a postura que o deixam mais propenso a ouvir os sussur-

ros de Deus. No começo quase toda postura de oração será um pouco desconfortável e será preciso acostumar a mente e o corpo para ficarem em paz.

2. *Leve a si mesmo (mente e coração) à presença de Deus.* Esse passo consiste em realizar um pequeno ato de fé acreditando que Deus está próximo de você, com você, na sua alma; que Ele o ama; e que quer conversar com você hoje e torná-lo mais semelhante a Ele. Costumo realizar esse ato de fé ao mesmo tempo que sossego a mente com uma respiração profunda, expirando bem devagar. Direcione o ato de fé para Deus com palavras próprias, mais ou menos com este sentido: "Deus, eu te amo e acredito que você está presente aqui neste momento. Coloco-me diante da sua presença. Estou um pouco cansado e tenho muita coisa na cabeça, mas quero dedicar esse tempo a você. Por favor, opere em minha alma. Ajude-me a ouvir o seu sussurro." Não é preciso ter pressa neste passo; ele é bem importante. Às vezes penso que me colocar na presença de Deus já é uma oração profunda, porque significa a libertação de todas as preocupações para confiar em Deus.

3. *Realize um ato de humildade simples.* Como nenhuma oração cristã é egoísta, a comunicação efetiva com Deus exige um ato de humildade: o reconhecimento de quem é Deus e a submissão da mente e do coração em diálogo. O ato de humildade pode ser direcionado para Deus em palavras como estas: "Jesus, agradeço pela graça de ter este momento que dedico a dialogar com você. Não posso salvar a mim mesmo. Não consigo achar sentido para minha vida sem você. Você é minha origem e meu sustento diário. Faça-me mais humilde. Molde meu coração para que ele se abra mais aos seus sussurros. Perdoe-me pelo orgulho, pela vaidade e pela preguiça [aproveite para acrescentar quaisquer pecados ou falhas que você tenha na consciência]. Faça com que eu seja mais semelhante a você. Eu te amo, Jesus."

4. *Leia alguns parágrafos (um capítulo no máximo) de um autor espiritual em quem você confia.* Eu costumo usar a Bíblia, os Evangelhos em particular. Leia devagar e reflita sobre o significado da Palavra

de Deus. Não se trata aqui de um estudo bíblico ou de uma análise literária; em vez disso, use o intelecto, a imaginação e a memória — além das habilidades de leitura — para criar um contexto e inserir-se nele. Complete uma história bíblica imaginando o que poderia estar acontecendo na mente dos diferentes personagens, por exemplo. Pergunte para si mesmo por que Jesus teria dito isso ou aquilo. Você pode até mesmo "viver a cena" na pele de um dos personagens. No entanto, há a tentação aqui de se precipitar em conclusões próprias sobre o que Deus quer dizer com aquela passagem. Para evitar essa armadilha, permita que a lição mergulhe fundo em sua alma. Às vezes, reconheço essa lição em uma ideia clara que surge na mente — ideia que, provavelmente, é inspirada por Deus. Outras vezes deixo o momento de oração sem ter entendido muito o que Deus quis dizer; então, no meio do dia, ou no meio da semana, ou durante a próxima semana, consigo chegar ao sentido daquela leitura de forma bastante surpreendente. Orar não equivale a aprender ou mesmo achar significado por conta própria. Orar significa conversar com Deus e deixar que Ele transforme a mente e o coração de acordo com a vontade e o tempo divinos. Assim como você não iria a um jantar apenas para retirar da conversa algo que sirva para sua melhoria interna, a oração serve para estar com Deus, para falar com Ele como um filho ou uma filha fala com um pai amoroso.

5. *Depois de refletir sobre a lição que você tirou da leitura espiritual, reserve algum tempo para ficar em silêncio.* O silêncio na oração não consiste apenas em silenciar o barulho exterior ou as distrações mentais; trata-se de um ouvir silencioso, mas sem que haja a necessidade de ouvir alguma coisa. O melhor jeito com que posso descrever esse silêncio na oração é comparando-o com o "descansar em Deus". Muito acontece de preenchermos a oração com palavras. Contamos a Deus sobre os problemas que temos e pedimos que Ele ajude. Mas o tipo de oração que sugiro neste passo envolve abrir a alma para Deus e pedir pelas necessidades, mas em um diálogo que se inicia através do silenciar de todo o ser.

6. *Comece a conversar com Deus.* Tenho repetido aqui que a oração significa conversar com Deus, mas como isso é feito? O silêncio da oração estabelecido no passo anterior é um prelúdio para o diálogo íntimo. Às vezes, em meio ao silêncio da oração, sinto uma vontade bastante clara no coração de agradecer a Deus por alguma coisa. Outras vezes, sinto a presença de Deus e o diálogo se inicia com a aceitação silenciosa dele. De forma mais comum do que eu gostaria, o silêncio leva ao reconhecimento do egoísmo ou de outro pecado em minha vida. Quando você começar a conversar com intimidade com Deus, falando com Ele sobre as coisas que mais interessam a Ele e que mais interessam a você (como você faria com um bom amigo), acabará percebendo que está indo na direção do passo final: o comprometimento.

7. *Faça uma promessa na oração.* A promessa na oração é uma decisão de transformar algum aspecto de sua vida. Esse compromisso pode ser bastante prático — por exemplo: "Hoje, vou ser mais paciente com meus colegas de trabalho, especialmente com X e Y." As melhores promessas que podem ser feitas tendem a consistir na entrega do coração a Deus, que o convida a abrir mão de si mesmo para abraçá-Lo. Pode ser difícil descrever essa promessa para si mesmo ou para outra pessoa, mas quando um compromisso de mudar é assumido, você toma consciência dele dentro de si.

Neste capítulo, coloquei a oração ao lado do sacrifício porque, como explicado anteriormente, eles são a tábua que forma a ponte que criamos para que Deus possa levar-nos à plenitude da vida. A oração e o sacrifício não são ferramentas para criar a fé viva ou qualquer outro estilo de vida que funcione como remédio, pois, na vida espiritual, não *criamos* nada — a graça já está lá. Em vez disso, são ferramentas que nos ajudam a colaborar com a graça de Cristo na alma. Aos poucos, Cristo faz com que atravessemos essa ponte. Ele está trabalhando no bloco de mármore com sua talhadeira feita de graça e, aos poucos e com cuidado, vai moldando o homem ou a mulher feliz que fomos criados para ser. Qualquer um que já tenha mergulhado de cabeça na vida de oração sabe que a oração em si já é um sacrifício e que, através da oração, identificamos outras áreas que devem ser sacrificadas em nome da fé viva. Portanto, não é de surpreender que o sacrifício seja um ingrediente fundamental e merecedor de todo esforço. Mas o que é gloriosamente misterioso, no entanto, é quão doce o sacrifício pode ser quando feito por amor a Deus, que nos convida a deixar para trás os padrões de comportamento limitantes para descansar Nele e viver a vida de forma plena.

Você se lembra de Sarah McGrath, de um dos capítulos anteriores? A entrada de Sarah na fé viva se deu através da oração e do sacrifício constantes. Ao contrário de Jim, que havia passado por uma "conversão" bastante identificável — um ponto de partida do batismo no Espírito —, as primeiras aberturas de Sarah para uma vida cheia do Espírito aconteceram através do gotejar da graça no silêncio do quarto e no ajoelhar na igreja. As pessoas que ela conheceu na paróquia convenceram Sarah a abrir-se e tentar fazer orações com uma simplicidade e uma sinceridade que ela jamais experimentara. Para ela, antes disso, a oração era apenas um dever, frases que ela repetia na igreja ou à mesa durante o jantar — frases que outras pessoas haviam escrito. Depois de dois anos longe dos pais e da igreja, Sarah não iria orar apenas motivada por obrigação ou por culpa. Quando tornou a orar, assim o fazia pelo desejo de estar próxima a Deus. Ainda havia a culpa por não frequentar a igreja, mas, para Sarah — no estágio em que sua fé estava —, frequentar a igreja pouco tinha a ver com orar.

A culpa que sentimos pode ser boa ou má. Sob a forma de uma tristeza santificada pelos pecados cometidos (ofensas intencionais contra um Deus amoroso), ela é excelente; é a voz na consciência que faz com que sigamos adiante (ou que nos devolve) no caminho estreito que leva à vida em abundância. No entanto, há outro tipo de culpa que consiste essencialmente de pena de si mesmo mergulhada em medo, e essa é a culpa má. Os sentimentos de culpa que Sarah sentia por não ir à igreja nada tinham a ver com a crença de estar ofendendo a Deus. Esses sentimentos eram, antes, frutos de uma insípida combinação de decepção consigo mesma por não conseguir se sentir uma pessoa boa e santificada com um medo de que talvez houvesse alguma punição por ela não fazer o que seus pais e a igreja diziam para ela fazer. A tristeza pelos pecados resulta na liberdade alegre que é encontrada no perdão. O tipo de culpa ruim leva apenas ao desespero.

Sob a orientação dos novos amigos da igreja e da formação da fé que vinha aprendendo junto com eles, Sarah começou a conversar com Deus como fazia com um amigo. Ela aprendeu como ter conversas sinceras com Deus sobre todas as coisas que mais importavam para ela (desde banalidades do dia a dia aos mais profundos desejos) e sobre as coisas que ela sabia que importavam para Deus. Esse tipo de diálogo íntimo, como apresentado nos passos anteriores, é a primeira marca da oração verdadeira. Esse diálogo é a comunicação de nós, filhos, filhas e amigos de Deus, fazendo uma comunicação com o Criador, com o Pai e Salvador em um ambiente de amor e de confiança. A segunda marca da oração é o compromisso. Os diálogos íntimos com Deus revelam de forma imediata a necessidade de mudança. Nós ouvimos a voz de Deus no silêncio da consciência fazendo um convite para que sejamos mais como Ele. Nesse contexto, até os mandamentos divinos são convites cheios de paciência. No diálogo da oração, falamos sobre como podemos amar mais. Pedimos por força e coragem. Pedimos perdão pela pequenez da mente e pelo comportamento egoísta.

A oração inspirada pela intimidade e pelo comprometimento transforma a perspectiva e as prioridades da vida. Foi o que Sarah experimentou. O primeiro encontro adulto com pessoas cheias do Espírito e o testemunho pessoal dessas pessoas sobre a ação de Deus através da oração a incentivaram a voltar a orar. Quando fez isso, ela experimentou o poder da oração em sua própria vida, percebendo não só a resposta aos pedidos que fazia, mas também, e ainda mais importante, percebendo o surgimento de uma fagulha de amor que cresceu até se tornar um relacionamento pessoal com Deus — um relacionamento que ela pôde experimentar ao ser iniciada, de forma bastante respeitosa e paciente, por Deus. Esse diálogo íntimo leva ao comprometimento de forma natural. No caso de Sarah, o comprometimento se traduzia em ajustar suas prioridades sociais e profissionais e em corrigir relacionamentos que não eram saudáveis. Tudo isso acontece com muita rapidez. Fui abençoado por poder acompanhar a transformação que ela sofreu semana a semana, passando da rigidez espiritual (causada pelo medo e pela culpa) para o comprometimento espontâneo e alegre.

Apesar de a visita que seus pais fizeram ter lembrado Sarah de alguns dos sentimentos negativos que ela vinha guardando contra eles e contra a criação um tanto rígida, com o passar do tempo Sarah conseguiu superar esse ressentimento. Ainda me lembro do dia em que ela contou que havia entregado toda a sua amargura a Deus. Ou, nas palavras que usou: “Agora posso ver com clareza que tudo que eles fizeram por nós, fizeram por amor — mesmo quando forçaram a ida à igreja sem explicar o motivo. Como fui tola! Mal posso acreditar que os tratei daquela maneira quando vieram me visitar. Como eles poderiam explicar coisas para as quais nem eles mesmos sabiam a resposta? Eles fizeram o melhor que podiam e — meu Deus! —, no fim das contas, foram pais maravilhosos!”

Se eu ou qualquer outra pessoa tivesse tentado dizer essas mesmas coisas para ela algumas semanas antes, ela jamais as teria aceitado. A oração transforma. Deus nos transforma quando vamos até Ele em oração. Boa parte da fé viva de Sarah se deve ao sacrifício de ter perseverança na oração, tanto quando se sentia inspirada quanto quando não sentia nada, mas sem deixar de dar seguimento ao compromisso que fluía daquela amizade recém-descoberta. A fé viva acabaria por fim levando Sarah a aprofundar o amor por Deus e pelo próximo através das virtudes da esperança e do amor.

O ideal que estou descrevendo para você e para mim mesmo da fé viva é, de fato, bastante elevado. Talvez ele pareça até assombroso, se você ainda não mergulhou no oceano do amor de Deus. Quando tivermos terminado de conhecer todos os três novos dispositivos do coração — a fé viva, a esperança viva e o amor vivo — estaremos mais bem preparados para aprender métodos simples para aplicar as verdades da Cura pela Fé-Esperança-Amor. Por ora, deixe tudo mergulhar em sua alma e confie que Deus já está operando um milagre em você.

Santo Agostinho:
fé sólida proveniente de um intelecto curado

Antes de passar à esperança viva, quero que você conheça mais uma história; ela conta sobre a vida de um dos heróis que tenho. Ele nasceu há mais de 1.700 anos, mas, mesmo assim, a viagem espiritual da superficialidade para a fé viva que ele realizou é absolutamente relevante. Esse herói espiritual é Santo Agostinho.

Os parágrafos a seguir não fazem justiça à história de vida desse homem, mas espero que sirvam de incentivo suficiente para que você leia a biografia dele em um momento posterior. Por ora, apenas deixe que a história dele sirva de exemplo para você continuar em sua jornada espiritual. Os tempos e as circunstâncias mudam, mas o convite de Deus de deixar de lado a superficialidade para entrar em um mundo de fé viva nunca falha.

Santo Agostinho de Hipona (354-430 d.C.) era um amante das coisas carnais que, por fim, veio a se tornar o que podemos chamar de "conquistador da superficialidade". Ele é o herói ideal para os homens e mulheres contemporâneos que se debatem com a fé.

A conversão de Agostinho foi bastante inesperada, ainda que sua mãe tivesse orado por vinte anos pedindo sua conversão! A história revela um homem cru e real cuja batalha sincera contra a fraqueza humana se torna, paradoxalmente, um testemunho da fortaleza humana apoiada na graça de Deus. Ele talvez seja mais conhecido pela vida de amor às festas enquanto jovem adulto e, particularmente, pela propensão a cortejar mulheres e desfrutar dos indulgentes prazeres da carne (talvez mais comuns à cultura cartaginesa do que à nossa). Como muitos outros homens de seu tempo, ele tinha uma mulher (a quem parecia amar e respeitar) e um filho com ela. Não obstante, sentia que algo nesse relacionamento não estava certo; por isso, decidiu colocar seus incríveis dons intelectuais para trabalhar no sentido de descobrir a discrepância entre o estilo de vida promíscuo e indulgente que a sociedade celebrava e o desejo interno de felicidade verdadeira.

Agostinho foi um verdadeiro exemplar da cultura de seu tempo. Ele muito apreciava a busca egoísta promovida pelo conhecimento acadêmico, no qual era excelente. Apesar da aprovação da sociedade e da popularidade de que desfrutava entre seus amigos e pares intelectuais, não conseguiu nutrir um desejo pela verdade espiritual. Particularmente adepto da lógica e da retórica, Agostinho percebeu que essas disciplinas buscavam apenas ensinar como superar um oponente em vez de orientar o praticante a descobrir a verdade. Assim, passou a devotar-se à tarefa de encontrar a verdade, fazendo uma tentativa de plantar as sementes da busca intelectual em seu devido contexto e diagnosticando as práticas acadêmicas de seu tempo como limitadas em seu padrão circular e finito.

Nessa busca pela verdade objetiva e pelo chamado de Deus em sua vida, Agostinho primeiro se voltou para o maniqueísmo, uma teologia popular em sua época que via o mundo como dividido entre o bem (a mente) e o mal (a matéria). Mesmo tendo por fim considerado o maniqueísmo errôneo e se convertendo ao cristianismo, Agostinho percebeu em sua busca que muitas pessoas, a despeito da fé, só conseguem encontrar a verdade depois de embarcar em uma viagem árdua, e que cada um, portanto, merece uma ajuda compassiva por seus esforços. Essa primeira identificação com os maniqueístas viria a ser uma das maiores contribuições dadas por ele ao cristianismo, pois permitia que ele se dirigisse e respondesse de forma sábia e com verdadeira compreensão às muitas perguntas sobre a fé ao longo de sua vida. O modo com que ele tratou os maniqueístas serve de modelo de profunda caridade: ao dar o exemplo, séculos depois, ele nos ensina a empregar a paciência e a compreensão como métodos apropriados de lidar com pessoas de quem discordamos, em vez de lançar mão da aspereza, da intolerância e do fanatismo.

Amante ávido da beleza, em especial da arte, da filosofia, da comédia, da literatura e do drama, Agostinho descobriu que a experiência da beleza é uma experiência de ordem transcendental e, como tal, pode oferecer vislumbres sobre a natureza de Deus. Essa experiência, aliada à humildade produzida pela constatação da limitação da sabedoria humana, fez Agostinho se confrontar com a pequenez dos seres humanos e com a grandeza de Deus, que está além da compreensão humana. Ele descobriu que, de forma paradoxal, essa constatação humilhante era, na verdade, alegre e libertadora, pois implicava que, ao entregar tudo a Deus, era possível assumir um lugar sob a proteção divina, completamente livre e protegido da preocupação de manter o controle sobre todas as coisas.

A verdadeira conversão de Agostinho permitiu que ele vencesse sua arrogância intelectual, sua autoconfiança exagerada e sua vaidade. O exemplo que ele nos dá é de particular importância para os acadêmicos, para os intelectuais, para os cientistas, para os filósofos e para todos que empregam a razão e a lógica na jornada diária pela busca da verdade. Agostinho mostrou que há um importante espaço para a dúvida e para o pensamento crítico, mas que, se o objetivo intelectual for apenas o de destrinchar o que não pode ser verificado sem admitir a possibilidade de verdades filosóficas e sobrenaturais que não compreendemos em sua totalidade, a busca servirá apenas para consumir e deixar um sentimento de incompletude. Depois de Agostinho receber o dom da fé, não através de um estalo milagroso ou de um derramamento de conhecimento espiritual (como ele teria preferido), mas através de uma súplica honesta, laboriosa e humilde, ele percebeu que podia então compreender a realidade de forma como jamais havia conseguido. Seu intelecto não se tornava mais fraco por acreditar naquilo que não tinha evidência física; ao contrário, ele se tornara mais forte porque podia, agora, compreender coisas que um intelecto desprovido de fé jamais conseguiria.

Este não é o melhor lugar para fazê-lo, mas há muito mais que pode ser dito sobre a vida de Agostinho e sobre como sua experiência trata de uma fé viva e profunda. Deixo aqui um incentivo para que você leia a autobiografia dele, chamada *Confissões*; esse livro é de grande inspiração para buscar Deus e as coisas de Deus sobre todas as outras.

Ao longo deste livro vou apresentar para você alguns mentores espirituais, sejam antigos heróis como Agostinho ou heróis modernos como Jim e Sarah — heróis que superaram sua humanidade imperfeita e que agora servem como exemplo para nós, lembrando sempre do potencial que temos de sermos pessoas cheias do Espírito.

Espero que agora, antes de prosseguir com a leitura, você curve a cabeça ou se ajoelhe ou que de alguma maneira dê a Deus um sinal de que está aberto para receber a fé viva. A diferença entre uma vida com fé e uma vida sem fé é imensa. Enquanto muitos descrentes lutam para encontrar o sentido da vida e para compreender um mundo que acreditam que irá acabar e deixar de existir, o fiel encara o futuro com esperança ilimitada.

CAPÍTULO 6

Esperança viva

Se você já experimentou ou se já testemunhou um relacionamento em que o ciúme tomou conta, talvez esteja familiarizado com o poder destrutivo desse sentimento.

Mariana e Mark namoravam havia mais de um ano quando vieram pedir ajuda. Os dois eram membros muito ativos da comunidade de suas respectivas igrejas, e, apesar de morarem em cidades diferentes durante todo o relacionamento — Mark morava em Nova York e Mariana em Boston —, eles haviam se aproximado bastante em um período de tempo relativamente curto. Eu já tinha tido o prazer de estar com o casal em alguns compromissos sociais e ficara impressionado com o modo como se relacionavam. Lembro-me de pensar que haviam sido feitos um para o outro.

Mark era extrovertido, determinado, ambicioso e de muito boa índole. Um líder nato, ele era muito bem-sucedido para sua idade, não só devido ao intelecto aguçado, a uma grande habilidade para socializar e pelo jeito com que lidava com os riscos calculados, mas também porque era alguém em quem se podia confiar. Algumas semanas antes de Mark e Mariana pedirem a minha ajuda, o chefe da companhia que os pais de Mark fundaram havia tornado Mark o presidente mais jovem da história da pequena empresa. Quem via Mark pela primeira vez não conseguia nem imaginar o nível de estresse e de responsabilidade com que ele lidava no trabalho.

Mariana também era muito inteligente, mas bastante reservada. Nos eventos sociais em que eu os havia encontrado, ela costumava ficar ao lado de Mark e parecia sentir-se confortável ao ouvir e rir do que era falado ao lado dele ou ao ter conversas particulares com uma amiga de longa data. Porém, sempre que participava de conversas em grupo, acabava tomando o lugar mais ao fundo por escolha própria. Qualquer um que observasse uma dessas conversas em grupo, no entanto, logo perceberia como Mark respeitava o intelecto perspicaz de Mariana e como ele a procurava em busca de apoio.

Esse encontro que teríamos agora tinha a participação do casal, mas Mark já havia vindo me procurar sozinho antes, pedindo para conversar comigo logo depois de uma discussão que tivera com Mariana e que resultara em uma noite absolutamente insone para ele. Ele contou que estivera viajando a negócios durante a semana e se envolvera em uma discussão com Mariana via mensagens mandadas pelo celular. A briga terminara com Mariana fazendo acusações de infidelidade e dizendo, entre outras coisas, que ela o odiava e que não tornaria a falar com ele. Mesmo depois de voltar para casa, passado algum tempo, Mariana continuava sem responder às ligações e às mensagens de Mark.

A primeira coisa que perguntei a Mark foi por que ele estava tendo uma discussão tão séria por meio de mensagens de texto em vez de tentar resolver seus problemas com uma ligação — ou, melhor ainda, por que não esperava para discutir aquilo pessoalmente quando se encontrassem. Mark respondeu que já havia tentado ligar, mas que Mariana sempre procurava responder por mensagens de texto quando estava brava — o que me levou, é claro, a concluir que essa discussão não era um acontecimento único. Dei alguns conselhos espirituais básicos a Mark, pedi que ele descansasse e sugeri que ele perguntasse a Mariana se ela estaria disposta a vir me ver junto com ele da próxima vez que estivesse em Nova York, de modo que todos nós pudéssemos conversar. Desse modo, depois de ouvir ambas as partes da história, poderíamos concluir juntos se eles precisavam da orientação espiritual que eu podia oferecer ou se precisariam da ajuda de um terapeuta de casais.

Quando Mark e Mariana finalmente chegaram ao meu escritório, fiz uma conta rápida e cheguei à conclusão de que fazia pouco mais de três meses desde aquela primeira conversa com Mark. Cumprimentei os dois e comecei a lembrar o ótimo tempo que passamos juntos em um concerto no começo do ano. Então contei para Mariana que Mark havia conversado comigo sobre a discussão anterior e perguntei a ambos como estava o relacionamento depois daquele episódio. Mark ficou quieto e Mariana respondeu com um sorriso nervoso, enquanto olhava para baixo: "Não muito bem."

Então Mark interveio, deixando claro que a discussão sobre a qual havia me contado não era mais um problema: eles haviam resolvido tudo, disse ele, logo depois de ter conversado comigo em meu escritório. Fiquei surpreso por imaginar que algo tão sério quanto uma acusação de infidelidade e a troca de palavras tão duras quanto aquelas poderiam ser esquecidas em tão pouco tempo; por isso, tentei obter a confirmação de Mariana. "Aquilo ficou resolvido durante um tempo", ela disse, dessa vez olhando direto em meus olhos, "mas ele continua fazendo as mesmas coisas".

"Que coisas?", perguntei. "As discussões que vocês vêm tendo são sobre o mesmo motivo que você alegou antes — que Mark estava sendo infiel?"

Ela respondeu com um olhar confuso, aparentando não lembrar exatamente do problema a que eu me referia.

Mark tornou a intervir. "Padre Jonathan, esse é o problema. Três meses atrás a acusação era uma, e ela tinha certeza de que havia acontecido; agora tem a mesma certeza de que é outra coisa — outro episódio de infidelidade —, apesar de a primeira suspeita ter se mostrado falsa. Basta o tempo passar para ela inventar algo diferente. Não consigo mais suportar isso."

Eu nunca havia pensado em Mariana de outro jeito que não fosse como uma pessoa gentil e reservada. Mas eu estava prestes a descobrir um outro lado dela. "Eu nunca cheguei a concordar que o que passou era falso", ela disse de forma ríspida. "Você é muito bom em escapar dessas situações e me convencer de que elas nunca aconteceram, e você sabe disso."

Mark levantou as mãos das coxas e apontou para o céu, com as palmas viradas para cima e os olhos fechados, resignado. Estava claro que esta não era a primeira vez que discutiam sobre o assunto. Depois de mais algumas perguntas de minha parte a comunicação entre eles parecia morrer a cada nova investida, e eu já não sabia mais como ajudar. Sugeri que encerrássemos o encontro e que eles procurassem fazer terapia de casais, pois eu estava convencido de que se tratava de um problema de comunicação, não espiritual.

Mariana ainda deu uma última cutucada em Mark antes de sair, dizendo que nenhum terapeuta poderia ajudá-los se Mark continuasse mentindo para si mesmo e para ela. Mark, o gênio dos negócios, indomável e sempre centrado, então se reduziu a uma triste poça de lágrimas silenciosas.

Dois dias depois vi com o canto do olho Mark e Mariana se divertindo e rindo muito, com as mãos dadas, em um estabelecimento do bairro, perto de minha casa. Fui discreto e mantive distância — aquilo parecia estar acontecendo muito rápido, e era muito estranho.

Por algumas semanas que se seguiram eu não vi Mark na igreja. Então, recebi uma ligação de Mariana. Ela queria vir de Boston até Nova York para falar comigo. Foi possível perceber que ela estava sofrendo e deduzi que se tratava de algum problema com Mark. Mas a voz sôfrega não estava agitada e irada como algumas semanas antes em meu escritório. Havia nela uma tristeza profunda.

Encontrando esperança em um mundo desconfiado

Voltaremos à história de Mark e Mariana daqui a pouco; antes, eu gostaria de situá-la no contexto deste capítulo. Nós já vimos como a *fé viva* pode curar o intelecto da superficialidade e criar dentro de nós o hábito de enxergar e de julgar como Deus o faz. Agora, vamos refletir sobre como a virtude teológica da esperança pode curar a memória e ajudar a estabelecer o hábito da *esperança viva*, em que pensamentos e padrões de comportamento baseados no medo e na vergonha deixam de conduzir a nossa vida.

Acho que não preciso me dar ao trabalho de convencer você de que a desconfiança é uma epidemia crescente na sociedade de hoje e que ela é responsável em parte pelo esfacelamento das instituições do casamento e da família no mundo ocidental. Quando não se pode confiar, não se cria o comprometimento. Quando não há comprometimento, então deixa-se de ser digno de confiança. E assim se estabelece um círculo vicioso.

Em vez de perpetuar esse ciclo, precisamos investigar aquilo que está no cerne dos problemas de confiança e o que podemos fazer a respeito. Será que é possível culpar o mundo frenético de hoje pelos problemas de confiança? As ameaças à segurança global, a instabilidade financeira que assola pequenos e grandes negócios e o fracasso de governos e dos líderes espirituais de hoje nos enchem de desculpas para desconfiarmos uns dos outros e nos retrairmos em medo para buscar proteção a qualquer custo. Mas de que forma essas fontes contemporâneas de medo se comparam às do passado? Podemos dizer com certeza que temos mais razões para temer pelo bem-estar hoje do que há cinquenta, cem ou duzentos anos? As novas tendências da tecnologia de comunicação trazem à tona um mal maior do que nas gerações passadas (o ciclo ininterrupto de notícias, o veneno da anonimidade na internet, uma babilônia de opiniões contrárias umas às outras etc.), mas a sociedade de hoje também contribui com maior tecnologia de saúde, maior potencial financeiro e de independência do que em qualquer outro período da história. Por isso, relativamente falando, temos poucos motivos para ter medo hoje em dia. Mesmo assim, ficamos aterrorizados em muitos níveis.

Nós nos sentimos aterrorizados, acredito eu, não por causa de alguma ameaça externa, mas antes porque não confiamos uns nos outros; não confiamos nem em nós mesmos nem nos vizinhos para garantir um apoio nos tempos de dificuldade. As memórias vívidas de traições do passado e de fracassos pessoais ficam o tempo todo dizendo que a autoproteção e a manutenção das aparências são menos dolorosas do que a exposição a traições e fracassos ainda maiores. Assim como um cervo se deixa hipnotizar por uma luz mesmo na presença de algo perigoso, do mesmo modo uma pessoa cheia de medo e desconfiança fica paralisada diante das ameaças potenciais que ela acredita serem verdadeiras e presentes em sua própria mente ao se lembrar do passado. Como irei explicar neste capítulo, a irmã do "medo" e da "ansiedade" é a "vergonha" e eu irei tratar as três como um todo, mas posso dizer que as duas primeiras são mais comuns nas mulheres (ainda que não sejam exclusivas delas) enquanto a terceira prevalece nos homens (também sem ser exclusiva deles), e todas só podem ser curadas pela graça de Deus através da esperança viva.

Aqui, venho propor a esperança viva como o segundo dispositivo do coração. Ele provém da fé viva, mas não de forma automática; é preciso trabalhar para adquiri-lo. A esperança viva consiste em se libertar dos limites autoimpostos através da confiança na promessa de Deus. Os leitores acostumados com a literatura de autoajuda podem encontrar semelhanças entre esse princípio e os princípios da nova era da "Lei da Atração" e do "Segredo" — princípios pelos quais, de acordo com seus respectivos proponentes, entramos em contato com o universo, decidimos o que queremos dele e então abrimos mão para que tudo quanto desejamos acabe voltando para nós mesmos. Ao longo dos últimos anos foram vendidos milhões de exemplares de livros de autoajuda baseados nestes princípios, não só nos Estados Unidos, mas no mundo todo. De acordo com tais livros, as pessoas que vivem "o Segredo" são capazes de transcender as limitações existentes e de conseguir tudo o que querem da vida. Quando você atingir o segredo de viver a vida que deseja, acabará superando de forma automática todos os obstáculos para o que quer ter ou ser.

A esperança viva é muito similar, mas também bem diferente! Ela é o hábito de viver com o conhecimento certeiro e renovador de que Deus tem reservadas grandes coisas para nós e está do nosso lado, nos incentivando a alcançar esses benefícios. A esperança viva trata de seguir em frente para conseguir aquilo que consideramos bom enquanto, ao mesmo tempo, abandonamos nossos desejos em favor da vontade de Deus, sendo libertados do medo de Ele e o plano divino não serem suficientes para nos fazer felizes, seja lá qual for esse plano. Mas isso não equivale apenas a ser otimista. Otimismo e pessimismo são apenas estados emocionais da alma, como já vimos; eles vão e vêm por variadas razões que nem sempre conseguimos controlar. A esperança viva, por outro lado, consiste em usar a inteligência e o livre-arbítrio para seguir em frente sem medo e sem qualquer vergonha na direção dos objetivos, com paz absoluta e confiança no cuidado que Deus tem por nós!

O desejo por segurança e por sucesso está costurado na psicologia humana. A tentação da natureza pecadora é procurar suprir esses desejos por conta própria. Eis aqui o segredo da esperança cristã — *primeiro* temos confiança em Deus e apenas depois em nós mesmos como Sócios Minoritários Dele, para quem Ele tem grandes planos. Nisto reside a verdadeira autoconfiança: em saber que Deus está do seu lado.

Ao viver esse novo dispositivo do coração, somos confrontados com a ironia existencial do aparente conflito entre os mecanismos naturais da memória e da imaginação, por um lado — mecanismos que servem para nos lembrar da limitação humana e dos erros do passado —, e o chamado para confiar na promessa de Deus, por outro. Pois é exatamente na exposição e na submissão ao invisível e ao desconhecido, sob o cuidado e a misericórdia de Deus, que encontramos a verdadeira segurança. É no arriscar a segurança e a autoimagem ao abandonar todos os sonhos e prazeres fora do plano de Deus que encontramos o verdadeiro sucesso.

De todos os jeitos imagináveis, Jesus nos convida a uma vida corajosa fora da zona de conforto — convida a entrar em contato com o universo, por assim dizer, e a reclamá-lo não como propriedade, mas como dom para ser desfrutado pelos Sócios Minoritários do Espírito Santo na obra da salvação. A esperança viva impulsiona o incentivo que temos para desempenhar o papel de inquilinos temporários da criação de Deus e de coagentes dos destinos terreno e eterno. Que aventura empolgante! Deus escolheu você e a mim para sermos o pé e a mão Dele, para andarmos no mundo fazendo o bem e para desfrutarmos deste tempo na Terra.

Mas a esperança viva não deve ser confundida com o ato de assumir riscos. Jogadores profissionais obtêm sucesso quando conseguem vencer as estatísticas com certa regularidade, e eles fazem isso ao limitar os riscos e maximizar as chances favoráveis. Os cristãos que têm a ousadia de buscar e de se colocar como centro do plano divino não são jogadores, porque não estão apostando contra as estatísticas — todas as estatísticas são favoráveis a ele. Já sabemos qual vai ser o resultado antes mesmo de rolarem os dados, e esse resultado é muito favorável.

Mesmo assim continuamos congelados pelo medo! Esse novo dispositivo do coração — a esperança viva — serve para descongelar, para nos deixar ágeis, nos prepara para uma ação heroica e nos permite sorrir mesmo quando há sofrimento, pois sabemos que Deus está ao lado do pecador que é justo e humilde e que Ele irá agir no devido tempo e de acordo com o conhecimento perfeito sobre o que precisamos.

Um dos grandes inimigos da esperança viva é o que São Paulo chama de "mentalidade da carne" (Romanos 8:6, NVI). Outro termo para esse conceito é "sofisma" — isto é, uma razão enganosa. A mentalidade da carne costuma tomar a forma de desculpas infundadas que soam genuínas, fornecendo uma saída que leva de volta à autoproteção fundamentada no medo e na vergonha. A mentalidade da carne sempre acha motivos mais ou menos convincentes pelos quais não devemos nos comprometer totalmente com aquilo que temos boas razões para acreditar que é a vontade de Deus.

Vamos aplicar o objetivo da esperança viva à história de Mariana. O semblante humilde de Mariana quando entrou em meu escritório, pela primeira vez sozinha, criava um contraponto assombroso com toda a ira e toda a agressão que eu presenciara quando ela havia vindo me visitar acompanhada de Mark. Apesar de obviamente triste, em certo nível essa Mariana parecia mais com a Mariana feliz que eu via em público, tão apaixonada por seu namorado. O estado da moça chegava a implorar por simpatia e toda a bondade que nela havia podia ser vista a olho nu. Eu não tinha ideia do que teria se passado para fazê-la chegar a esse ponto, mas no fundo eu sabia que algo de *bom* havia acontecido, pois a tristeza genuína sempre pressagia o crescimento.

"Mark terminou comigo", ela disse deixando os ombros caírem conforme suspirava.

Depois de terminarem, ela explicou, Mariana aproveitou para fazer uma análise profunda de sua alma. Ela reviveu mentalmente os muitos bons momentos que o casal havia compartilhado e — com muita dor — também reviveu as brigas. Antes de apagar as mensagens de texto iradas e acusatórias que havia enviado nas infindáveis discussões ao longo dos últimos meses, ela aproveitou para refletir sobre tudo que havia escrito.

"Estou me sentindo muito mal", ela disse. "Ele não merecia nada disso, eu estraguei tudo."

"Como foi que tudo terminou?", perguntei, tentando achar alguma brecha para que pudesse consolá-la.

"Nós começamos outra briga idiota e ele disse que não aguentava mais. Mark disse que eu precisava arranjar ajuda se quisesse ter um relacionamento de verdade, mas ele parecia convencido de que isso seria impossível."

Conforme Mariana continuava a discutir comigo o relacionamento espinhoso que tinha com Mark, ficou claro para mim que, apesar de quase sempre valer o ditado "quando um não quer, dois não brigam", Mark havia feito a coisa certa ao terminar com Mariana. Ela me confessou que as acusações que havia feito contra a fidelidade de Mark não estavam baseadas no que a maioria das pessoas chamaria de prova.

Apesar disso, na cabeça dela no momento, ela tinha todas as provas de que precisava.

"Se você não se importa", perguntei, "pode me dizer que tipo de provas você encontrava?"

Mariana não conseguia se lembrar com certeza, segundo me disse, mas disse que tinha a ver com Mark não passar tanto tempo com ela quanto ela gostaria, especialmente em ocasiões importantes para ela, além de outras atitudes "suspeitas" que ele tinha e da forma por vezes frívola e íntima com que as colegas mulheres se dirigiam a Mark.

Sentindo que Mariana ainda precisava chegar ao cerne do problema, pedi que ela me descrevesse o momento ou as circunstâncias em que as dúvidas em relação a Mark costumavam surgir. Depois de pensar um pouco, ela respondeu que nunca duvidava do namorado quando estava com ele; as dúvidas surgiam quando ela sentia falta dele e quando ele não expressava quanto a amava e sentia sua falta. A discussão começava quando Mariana decidia mandar uma mensagem de texto para, nas palavras dela, testar Mark. Quando ele não respondia de forma apropriada, Mariana considerava a resposta inadequada como confirmação de todos os piores cenários que podia imaginar. Além disso, a resposta dele naquele momento de ira se somava, na cabeça de Mariana, instantaneamente com todas as vezes anteriores que ele havia agido da mesma forma; essa justaposição só reforçava as conclusões subjetivas que ela fazia de tudo aquilo. Para Mariana, o problema não era apenas o momento; era o quadro geral — melhor dizendo, o *sentimento* geral — de traição que acelerava suas emoções e que precipitava o massacre que Mark experimentava como fúria louca e irracional.

Como Mark sabia que toda essa acidez não pertencia a Mariana, ele conseguiu suportar por algum tempo. Tão logo tornavam a se encontrar pessoalmente, Mariana voltava a si e muito se desculpava por seu comportamento (isso explica por que eu havia visto Mark e Mariana tão felizes apenas dois dias depois do que considerei uma reunião extremamente improdutiva em meu escritório).

Então eu disse para Mariana que considerava que ela estava em uma boa posição, muito melhor do que se ainda estivesse com Mark.

Rolando os olhos em sinal de descrença, Mariana soltou um leve suspiro e afundou na cadeira, como se quisesse desaparecer. Aproveitei e disse para ela o que ela, de certo modo, já sabia — que a verdadeira Mariana era a mulher gentil, amável, inteligente, adorável e estável que eu conhecia e por quem Mark havia se apaixonado. Porém, vira e mexe a infeliz convergência da distância de Mark com a atitude fria e por vezes egoísta dele e a natureza veloz e artificial das mensagens de texto precipitavam um comportamento que estava em completo desalinho com quem ela era. Quando agia assim, estava fora de si; suas emoções manipulavam o livre-arbítrio.

A boa notícia, eu concluí — além do fato de que aquela não era a Mariana verdadeira —, é que ela era responsável apenas em parte por aquele comportamento destrutivo e não deveria torturar a si mesma por causa disso. Quando o livre-arbítrio é manipulado por forças incontroláveis, a responsabilidade moral diminui. Talvez esse tenha sido o motivo do perdão de Mark depois de cada rompante de Mariana. Ele acreditava que Mariana não era daquele jeito quando se permitia raciocinar. Mas expliquei para Mariana que a diminuição da responsabilidade moral em casos como aquele não serve para libertar da responsabilidade social e interpessoal, muito menos exime de responsabilidade a consequência das ações decorrentes da ira, como Mariana percebeu quando Mark disse que já estava cheio daquilo tudo. Além do mais, ainda que a responsabilidade moral seja reduzida nos momentos de paixão cega, a responsabilidade moral *plena* de uma pessoa em um dado comportamento só aumenta quando a pessoa percebe do que será capaz no futuro se não buscar ter controle sobre a situação no presente.

O resumo de meu trabalho com Mariana consistiu em ajudá-la a encontrar a causa principal daquele comportamento destrutivo. Como viemos a descobrir ao longo das semanas seguintes, a verdadeira causa era o *medo* da traição, que acabava manifestado (quase sempre na mente de Mariana) como ciúme incontrolável.

Eu tinha muita confiança de que Mariana e Mark acabariam voltando algum dia, apesar de não ter dito isso a ela. Reatar só dependia da vontade dela de se abrir para a ajuda de Deus, uma vontade que determinaria não só o resultado desse relacionamento, como também o grau de liberdade e felicidade pessoal dela e que a levaria a viver a esperança, ficando liberta do medo e tomando conhecimento de todo o seu potencial.

Oprah Winfrey tornou famoso um homem chamado Eckhart Tolle ao apresentar os livros dele em um programa em 2008 e, mais tarde, ao escolhê-lo como um de seus gurus espirituais. Tolle é o autor de diversos best-sellers do gênero autoajuda. Respeito sua habilidade de comunicar pensamentos bastante profundos em termos bem simples, mas muito me dói ler seus livros, porque ele consegue atrair as pessoas com opiniões verdadeiras e úteis sobre a alma humana e a melhoria interna e, depois, na minha opinião, direciona as pessoas de volta para si mesmas e para longe da verdadeira fonte de transformação e de redenção que se encontra no Deus poderoso e amoroso. A autoajuda separada da ajuda divina — venha ela de Tolle ou de qualquer outra pessoa — sempre falha.

Não obstante, algumas das técnicas de Tolle voltadas para a autoanálise e para a mudança comportamental são dignas de nota, em especial por a história de Mariana ainda estar fresca na memória. Tolle ensina a parar quando somos desafiados emocionalmente para evitar que o que ele chama de "corpo de dor" controle nossas ações. Ele sugere que seja feita uma pausa e que você observe a si mesmo. Isso, ele diz, é um modo de retomar o contato com o verdadeiro eu — o ego que observa a si mesmo. Afastar-se das emoções negativas como a ira, a inveja e o medo pode ajudar você a centrar-se de novo e a lembrar de que você é parte de um plano maior (ainda que Tolle não seja específico quanto ao plano a que se refere aqui).

Com muita sabedoria, Tolle enfatiza o aprendizado de não se sentir ofendido pela ação do próximo. Ele diz que quando alguém age de forma a desprezar, a desaprovar ou agir de forma maliciosa em relação a você, isso acontece por conta do ego ou do "corpo de dor" daquela pessoa. Ao reconhecer a origem daquele comportamento, você pode elevar-se e perceber que não precisa deixar que aquela atitude afete você. É uma maneira de se remover emocionalmente da ofensa de modo a não deixar que ela interfira em sua vida. Ele aponta que isso muito se assemelha ao ensinamento de Jesus de oferecer "também a outra" face (Mateus 5:39).

Essas sugestões são válidas e úteis quando compreendidas de forma adequada. Entretanto, a experiência e a fé ensinam que essa abordagem que prega o domínio da matéria pela mente não consegue ser duradoura para a maioria das pessoas. Pode-se dizer isso porque grande parte do comportamento do "corpo de dor", como no caso de Mariana, não irá mudar de forma substancial apenas pelo *desejo* de que isso aconteça. Ao longo do tempo, a menos que descubramos as raízes podres da vida interior que fazem de nós uma combinação de superficialidade, de medo, de vergonha e/ou de egoísmo, não conseguiremos experimentar uma vida verdadeiramente plena.

Por outro lado, quando convidamos Deus para realizar a cura — geralmente através de um longo processo de conversão (uma série de decisões voluntárias de mudança, como vimos no processo de Fazer o Caminho Reto) seguido pelo milagre da graça de Deus no que chamamos de Cura pela Fé-Esperança-Amor — há uma chance verdadeira de haver uma transformação radical. Eckhart Tolle e Oprah Winfrey têm razão quando dizem que o comportamento do "corpo de dor" não é o melhor "eu" interior, mas a solução que eles oferecem continuará sendo fraca enquanto apontar de volta apenas para o ser humano, em vez de para o ser humano *em comunhão com o Criador*.

Vamos continuar usando a história de Mariana para ver como, no caso dela, a cura e a conversão de que estou falando puderam acontecer. Lembre-se de que Mariana já era uma mulher de muita fé, até mesmo de fé viva, quando começou a se envolver com Mark. Deus era uma parte bastante real de sua vida. Apesar disso, ela ficou atolada e paralisada de medo. Aquela história afetava sua fé de tal modo que ela chegou a duvidar até da veracidade das experiências passadas e presentes de Deus. A interconectividade das virtudes teológicas faz com que o discernimento de onde estamos e do que precisamos se torne um tanto delicado. Mariana ficou tentada a negar o poder de Deus em sua vida porque a fé que tinha não estava se traduzindo na felicidade profunda que ela desejava. Isso não significa, no entanto, que ela não era uma mulher de fé viva. Ela era uma mulher de fé *que precisava de esperança*!

Fazendo o Caminho Reto: Mariana

Vamos repassar mais uma vez a história de Mariana e avaliar como ela estava lidando com os seis passos do processo de Fazer o Caminho Reto. Conforme virmos cada um dos passos em separado, os problemas dela — e as tentativas que ela fez de alcançar uma solução inspirada na fé — podem oferecer ajuda em nossas próprias batalhas.

1. *Faça um inventário moral completo e sincero de sua vida.*

   Ao vir falar comigo, Mariana já havia começado a tarefa de fazer um inventário sincero de sua vida. Não era um inventário completo, mas, às vezes, o primeiro passo é o mais difícil! Ela agora precisa deixar de enxergar a melhoria interna apenas em Mark e precisa deixar para trás o aparente fracasso no relacionamento deles. O inventário de Mariana deve incluir também outros relacionamentos de sua vida, do passado e do presente (não apenas relacionamentos amorosos), focando naqueles em que houve quebra de confiança ou em que o medo de uma traição tomou conta. Porque somos juízes muito pobres quando lidamos com o passado e tendemos a formular histórias irreais e melhoradas, um inventário moral completo e sincero fica mais perto da realidade quando perguntamos a pessoas próximas sobre a versão delas para a nossa história.

2. *Admita para Deus, para você mesmo e para outras pessoas a exata natureza de seus erros e sua impotência diante deles.*

   A confissão que Mariana precisa fazer para Deus, para si mesma e para outras pessoas não precisa ser um processo cheio de drama de abertura de antigas feridas. Enquanto um alcoólatra inveterado ou um viciado costumam deixar um rastro de sofrimento em seu caminho e tem a responsabilidade de fazer uma reparação honesta, pessoas que passam por uma crise de vida menos trágica, como Mariana, podem fazer essa confissão para Deus e para si mesmas. Se uma chance natural e oportuna surgir ao longo do caminho para Mariana se desculpar com outra pessoa pelo modo com que o medo, a insegurança ou o ciúme a afetou, pode ser algo bom para fazer. Mas isso não é regra geral e, às vezes, pode fazer mais mal do que bem. A segunda parte desse passo para Mariana seria reconhecer a impotência diante do medo. Um observador externo poderia facilmente verificar que a perda de Mark, a quem ela muito amava, por conta de sua paranoia é prova dessa impotência. Mas quando falamos de conversão pessoal, observadores externos não contam. Mariana precisa aceitar isso por si mesma. A impotência, aqui, não significa incapacidade; significa apenas que ela precisa de ajuda.

3. *Entregue sua vontade às mãos de Deus e viva na confiança de que ele o irá restaurar.*

   Mariana é uma mulher de fé e, por isso, parece ter pouco trabalho a fazer para ser aberta ao fato de que Deus pode restaurá-la. Porém, volto a dizer que há diferentes graus de abertura e de crença no poder de Deus e que ter uma grande fé em Deus nem sempre significa acreditar que ele pode transformar alguém! Quando nos encontramos em um momento de crise, temos a opção de nos afastarmos de Deus para o mundo da lamentação ou de nos afastarmos do mundo imperfeito para entregar-se às mãos de Deus. Se Mariana aumentar o tempo de oração agora, com certeza irá aumentar a crença no poder que Deus tem de restaurá-la.

4. *Comece a viver o chamado Novo Mandamento: "Amem-se uns aos outros como eu os amei."*

   Como cristã praticante, Mariana tomou ao menos uma decisão inconsciente de entregar sua vontade e sua vida ao cuidado de Deus e de viver o Novo Mandamento. Mas este passo do processo de Fazer o Caminho Reto não pode ser inconsciente nem presumido. Ainda que Mariana tenha convidado Deus a entrar em sua vida muitas vezes no passado, talvez nunca o tenha convidado a penetrar em suas fraquezas, o que é mais evidente agora do que no passado. Crises pessoais abrem novas oportunidades para uma entrega positiva. É fácil dizer que se acredita em Deus quando se tem o controle firme das rédeas da vida e quando o futuro parece brilhante. Mas não é tão fácil dizer "Deus, entrego as rédeas da minha vida a você, a despeito de onde quiser me levar" quando o caminho está cheio de armadilhas e quando a noite tudo cobre.

5. *Faça as pazes com as pessoas que você machucou ao longo do caminho na busca por seus interesses egoístas.*

   É provável que Mariana tenha machucado mais a si mesma do que a outras pessoas, mas, mesmo assim, é importante que ela se pergunte se está disposta a fazer as pazes com alguém que ela tenha machucado ao longo do caminho. "Disposição" é a palavra de ordem aqui. Por mais odiosas que sejam nossas falhas — o medo e a inveja, no caso de Mariana —, acabamos nos apegando a elas. Fica difícil viver sem essas falhas e *ainda* mais difícil corrigir os danos que tais falhas causaram. Esse passo representa o abandono do antigo jeito de ser. "Não quero mais ser uma namorada possessiva. Eu desisto", é o que Mariana precisa dizer. "Estou abrindo mão. Estou reparando, ou, ao menos, quero poder reparar, tudo o que fiz quando era do outro jeito."

6. *Crie e siga um plano prático para se manter responsável diante de Deus e das outras pessoas.*

   Talvez este seja o passo mais difícil de todos para a conversão de Mariana. Ela é inteligente — muito inteligente — e está acostumada a se virar sozinha; além do mais, ela é bem fechada. Depois de trabalhar os primeiros cinco passos, Mariana vai precisar fazer um esforço colossal para envolver outras pessoas nesse plano de melhoria interna. Ela vai precisar desnudar sua alma diante de pessoas em quem confia para falar sobre suas fraquezas e seus medos. Nos relacionamentos futuros, em especial se ela voltar com Mark, vai precisar estabelecer parâmetros com a ajuda do companheiro para evitar repetir os padrões de comportamento obsessivos originados do medo.

Mesmo sabendo que já mencionei essa ideia por muitas vezes, nunca é demais lembrar que esses seis passos para a conversão, para fazer o caminho reto, não irão fazer de Mariana, nem ninguém, uma pessoa cheia do Espírito. Esse programa não irá, por si só, trazer para ela uma vida de abundância. Mas *irá* servir para ela encarar o problema que está enfrentando e preparar a si mesma para que aconteça o milagre da graça através da virtude teológica da esperança. O milagre de que ela necessita é a libertação do medo através da cura de sua memória, algo que costuma vir apenas por intermédio de trabalho duro. Esse milagre vai permitir que ela confie na promessa de Deus de que Ele é suficiente, a despeito de como outras pessoas tenham-na tratado no passado.

As experiências de medo e de ansiedade na vida de Mariana eram de natureza relacional, mas essas emoções podem ser igualmente paralisantes quando funcionam em outros aspectos da vida — por exemplo, em relação a assuntos de saúde, de segurança profissional ou para falar em público. A esperança viva cura a memória de modo que o conhecimento do passado deixa de afetar de forma desproporcional o modo como decidimos lidar com o presente. A mulher que tem esperança viva lembra os fracassos do passado, mas não se deixa apavorar pelos desafios do presente. Ela não tem razão para temer porque não depende mais do acaso ou de sua capacidade de fazer as coisas certas. Ela confia que Deus é fiel a sua promessa de estar com ela e de trazer plenitude à sua vida.

As variadas manifestações do medo

Nas mulheres, o medo costuma se manifestar sob a forma da ansiedade, da desconfiança, do pânico, da inveja e da baixa autoestima. Nos homens, quase sempre o medo se manifesta como vergonha ou algum comportamento baseado na vergonha (como evitar a vergonha a todo custo). Isso não significa que os homens não ficam ansiosos nem têm inveja, como também não significa que as mulheres nunca sentem vergonha. Não obstante, os padrões descritos podem ser generalizados para os respectivos sexos.

Essa diferença entre os gêneros tem consequências, em especial quando não é compreendida por ambas as partes de um relacionamento. Incontáveis livros já trataram sobre a importância da comunicação nos relacionamentos. Não consigo nem começar a pensar na quantidade de mulheres que me dizem que o marido não sabe se comunicar; do mesmo modo, muitos homens me dizem preferir *não* se comunicar como as esposas gostariam porque toda vez que concordam em ter uma "conversa séria" acabam criando mais problemas! A *boa* comunicação é fundamental para todo relacionamento, mas "boa" não significa "muita". O mais importante para um relacionamento saudável é aprender a compreender — intelectual e emocionalmente — como o companheiro *experimenta* o problema que tem em mãos.

Mark enxergava as explosões de Mariana como "irracionais", e, em certo nível, de fato o eram. Mas "irracional" não equivale a "estúpidos" ou "irreais". Mariana estava reagindo a *alguma coisa* (é impossível *reagir* a *nada*), mas porque Mark continuava a considerar que a reação dela tinha relação direta com a acusação (falsa) que ela fazia, ele permanecia confuso. Mariana estava reagindo ao medo do que poderia acontecer, mas que não havia acontecido. Nesse caso, as acusações dela eram falsas, mas ela tinha bons motivos para imaginar que seus medos se baseavam em verdades porque a memória a lembrava constantemente do que havia acontecido no passado — não só em outros relacionamentos (rejeição percebida), mas também no começo do relacionamento atual (desonestidade da parte de Mark, que só me foi revelada em uma das conversas posteriores).

De vez em quando ouvimos uma história chocante nos jornais de um pai de família que abandona o lar sem deixar explicações. De manhã a esposa (e mãe) acorda e o pai sumiu sem deixar nenhum aviso aparente. Ele apenas não está lá.

Você já reparou como essas histórias tristes geralmente acontecem no pior momento possível para a família? A esposa perdeu o emprego, um dos filhos está doente, um bebê está a caminho, e assim por diante. Uma tragédia dantesca! A primeira reação que temos é pensar que aquele homem não presta. Como é que alguém pode deixar esposa e filhos em uma situação dessas? É exatamente naquele momento que os filhos precisam dele; é quando o casal precisa se manter unido. Para acrescentar o insulto a todo o dano já causado, tais histórias costumam terminar com o marido sendo encontrado quase desmaiado em um bar ou um cassino, ou então assistindo a futebol com seus amigos. Pode ser até que esses homens perdidos realmente não prestem, mas a fuga do campo de batalha não *prova* isso. Os homens não conseguem suportar a vergonha. O mero pensamento de ver a esposa e a família sofrendo por causa de sua inaptidão é o pior pesadelo de todo homem decente, e, às vezes, a dor decorrente dessa ideia é esmagadora.

A versão "masculina" do medo e da ansiedade se apresenta como uma espécie de vergonha. Não obstante, diga isso para um homem e ele provavelmente irá se afastar desse pensamento. *Vergonha? O que é isso?* Por mais que nós, homens, odiemos admitir que evitar a vergonha é um dos principais traços da personalidade e do modo de agir masculino, ele domina a nossa vida. O comportamento baseado na vergonha tem suas raízes no medo do fracasso. É claro, ninguém gosta de fracassar, mas o fracasso afeta os homens de maneira particular, ameaçando a imagem do provedor e protetor bem-sucedido que queremos preservar de forma instintiva e desesperada. Compare as duas colunas a seguir. A primeira representa uma situação negativa indesejada. A segunda representa uma experiência subjetiva da vergonha — melhor dizendo, do *medo* da vergonha —, que é muito mais dolorosa do que o fracasso em si. É esse medo da vergonha que faz com que os homens fujam do fracasso a quase qualquer custo, ou que tentem compensar o fracasso fazendo alguma coisa, *qualquer coisa*, que faça com que o sentimento desapareça.

Desemprego	"Fui despedido."
Solteirice / solidão	"Ninguém me quer." / "Ela me largou".
Família / casamento disfuncional	"Estraguei tudo: não consegui proteger minha família."
Dor, doenças	"Agora dependo de outra pessoa."
Notas ruins / educação precária	"As pessoas pensam que sou burro."
Falta de boa aparência	"Ninguém vai me amar assim."
Dívidas	"Sou um perdedor; perdi o controle."

Jó é um dos personagens mais conhecidos de toda a Bíblia. Na literatura e nos sermões ele é bastante citado como baluarte da paciência. Tenho minhas dúvidas quanto à paciência que lhe era inata, mas tenho certeza de que foi um homem de grande esperança viva. Ele descansou no Senhor porque confiou que Deus seria fiel à sua promessa!

Lembre-se que Jó foi o inocente em que Deus testou todo tipo de sofrimento que se pode imaginar. O diabo estava convencido de que Jó só adorava a Deus porque tudo estava dando certo para ele, e fez uma aposta com Deus que poderia fazer Jó renegar sua fé se Deus permitisse que ele, o diabo, causasse uma calamidade na vida de Jó. Deus aceitou a oferta, acredito, para ensinar uma lição à humanidade. Jó se manteve fiel — ele não amaldiçoou Deus —, mas, nossa, como ele sofreu.

Minha vida só me dá desgosto;
por isso darei vazão à minha queixa
e de alma amargurada me expressarei.
Direi a Deus: Não me condenes,
revela-me que acusações tens contra mim.
Tens prazer em oprimir-me,
em rejeitar a obra de tuas mãos,
enquanto sorris para o plano dos ímpios?
Então, por que me fizeste sair do ventre?
Eu preferia ter morrido antes que pudesse ser visto.
Se tão somente eu jamais tivesse existido,
ou fosse levado direto do ventre para a sepultura!
Já estariam no fim os meus poucos dias?
Afasta-te de mim, para que eu tenha um instante de alegria,
antes que eu vá para o lugar do qual não há retorno,
para a terra de sombras e densas trevas,
para a terra tenebrosa como a noite,
terra de trevas e de caos,
onde até mesmo a luz é trevas. (Jó 10:1-3,18-22, NVI)

Quando *nós* dizemos as coisas que Jó disse, geralmente culpamos uma depressão. Mas esse não era o caso de Jó! Pelo contrário — ele estava cheio de esperança mesmo em meio àquela enorme tragédia e em meio aos sentimentos mais terríveis.

Jó tinha *todos* os motivos do mundo para querer morrer. Ele perdera toda a sua riqueza de um dia para outro, seus filhos morreram em desastres naturais, a maioria de seus amigos o havia abandonado e ele contraiu uma doença mortal (leia Jó 1:13-2:13). Some a tudo isso o fato de o diabo estar decidido a contar mentiras sobre o Deus em quem ele acreditava e você terá uma ideia de quão infeliz Jó estava.

Então por que Jó não amaldiçoou Deus, como sua esposa sugeriu: "Amaldiçoe a Deus, e morra!" (Jó 2:9, NVI)? Porque ele conhecia a promessa de Deus e confiava na origem daquela promessa — o próprio Deus! Quando fez uma lista das coisas boas em sua vida, Jó acrescentou *verdades sobrenaturais*. Sua fé era tão grande que ele acreditava no amor *infalível* que Deus tinha por ele. Jó conhecia Deus de modo bastante íntimo e, por isso, confiava que seu amoroso e poderoso Amigo teria um plano maior e melhor para ele, mesmo que Jó não conseguisse ver nem mesmo imaginar qual seria esse plano.

Infelizmente, a maioria dos homens não reage como Jó às calamidades da vida. Eu conheço um cavalheiro no alto de seus quarenta e poucos anos que tem mais diplomas de pós-graduação do que o time de futebol americano da Universidade de Michigan tem títulos nacionais (onze). Vai, Michigan! Bom, na verdade, ele não tem tantos diplomas assim, mas o número não está muito distante da realidade. Gregory continuava voltando para a universidade, apesar da decepção de sua noiva, alegando que ainda não havia se encontrado. Depois de anos com esse comportamento, a noiva de Gregory decidiu forçar a decisão do casamento, que felizmente aconteceu. No entanto, o descontentamento não desapareceu e agora Gregory não podia mais se esquivar da pergunta de por que ele nunca estava satisfeito com a profissão que exercia. Ele havia trabalhado como engenheiro, como arquiteto e como advogado e, apesar de jamais ter admitido, não gostava de nenhum emprego porque ele não se sentia bom o suficiente em nenhuma das profissões. Ele sabia que sempre se saía muito bem na universidade, e era lá que ele queria estar.

É um exercício muito útil para os homens (e para as mulheres) pensar nos motivos que nos levam a não fazer o que sabemos que deveríamos fazer. Pense por um instante nas coisas que sua esposa, seu chefe ou a igreja pedem repetidamente para você fazer. Depois de superar a resposta automática que dá a desculpa da falta de tempo ou de recursos, você poderá descobrir que, em muitas dessas situações, está apenas procrastinando porque não sabe como fazer ou tem medo de fracassar.

No caminho da cura

Quando começamos a deixar a esperança viva aparecer de verdade, quando focamos mais em todo o *bem* que Deus quer fazer por nós e dentro de nós e menos nos fracassos do passado ou na habilidade limitada de mudar o presente, o medo começa a se aquietar. É preciso tempo para se acostumar a retirar a mente da frente do caminho que Deus percorre. A repetição dos atos de fé e de esperança no amor, no poder e no desejo de Deus de trazer felicidade para a nossa vida tem o efeito de aumentar nossa zona de conforto. Quando estamos ainda recém-libertos do poder imediato e esmagador da vergonha e da ansiedade, mas ainda sob alguma influência desses sentimentos, deixamos de nos preocupar em proteger nossa autoimagem acima de tudo. Em vez disso, passamos a focar na imagem de Deus em si, em construir um caráter que se assemelhe ao divino, pelo amor a Ele que começou a nos restaurar.

O desaparecimento gradual do medo e a expansão da zona de conforto acontecem ao mesmo tempo. Se esperarmos que um deles aja sobre o outro, jamais conseguiremos experimentar a mudança. Começar a acreditar agora, mesmo que a sua esperança ainda seja pouca, serve para preparar para o dispositivo da esperança viva que sempre sustenta, aconteça o que acontecer. As pessoas que têm esperança viva veem na boa e na má sorte uma boia salvadora que resgata da vida ordinária e que nos prepara para algo maior e melhor. As tempestades inesperadas — mesmo quando aprendemos a enxergá-las, de forma paradoxal, como uma boia salvadora — são assustadoras, é claro; mas quando se confia em Deus sobre todas as coisas, a vida fica muito boa, já que o futuro, se não o presente, está repleto de luz.

Você já reparou como as pessoas de alguns dos países mais pobres do mundo parecem reagir muito melhor às tragédias? Quer seja a catástrofe no Haiti, na Indonésia ou na África Subsaariana, os repórteres que cobrem desastres naturais ou antrópicos em países subdesenvolvidos e em desenvolvimento sempre relatam, com grande surpresa, como as pessoas daquele país são "resistentes". Tais profissionais geralmente caem de paraquedas na origem da catástrofe e tentam, em alguns dias, colocar-se no lugar dos habitantes para poder contar a história daquele povo. Apesar de as agências de notícias serem muito criticadas por essa prática, "cair de paraquedas" nem sempre é algo ruim. O contraste cultural relatado pelos repórteres estrangeiros muitas vezes permite que eles contem uma parte da história que um profissional local não ache digna de nota, como a incrível resistência do povo. Não importa quanta experiência o repórter tenha, quase sempre ouvimos um relato impressionante de como os habitantes locais têm a capacidade de se recuperar com rapidez e em melhor forma, ajudando-se uns aos outros e reaprendendo a sorrir.

Pelo que eu já vi nas coberturas jornalísticas dessa natureza, bem como no testemunho de outras tragédias pessoais e familiares de escala bem menor, essa "resistência" não está diretamente relacionada à pobreza material de quem sofre. A pobreza em si não torna ninguém melhor ou mais resistente. A habilidade de se reerguer tem mais a ver com a "humildade espiritual" do indivíduo que está vivendo o desastre, uma qualidade e uma virtude que facilmente perdemos em uma sociedade opulenta e materialista. Humildade espiritual é a virtude do desprendimento emocional saudável da autoimagem e das coisas — mesmo de coisas boas, como saúde, alimentação adequada, reputação e abrigo. Esse tipo de humildade garante a liberdade em relação à dependência ao que é exterior, de forma que permite distinguir quase de forma automática o que é essencial e o que é supérfluo, permitindo viver com ou sem o que é desnecessário.

Nas sociedades dos países mais pobres, tanto ricos quanto pobres têm maior contato com pessoas que têm muito pouco. Quando os olhos e o coração ficam abertos, é fácil encontrar alguém que esteja por perto em uma situação pior. Também é possível notar o curioso fato de que algumas pessoas pobres e enfermas são bravas e tristes, enquanto outras são felizes e livres. Quando a tragédia atinge uma pessoa que já refletiu sobre esse assunto e aprendeu a praticar o desapego à posse de coisas desnecessárias (mesmo coisas boas), essa pessoa terá maior facilidade para se levantar, sacudir a poeira e assumir o objetivo de construir uma vida melhor. Essa pessoa não perde a esperança, porque sabe que, enquanto tiver vida, terá a capacidade de suprir as duas grandes "necessidades" humanas: amar e ser amado. Quando a tragédia atinge alguém que se considera digno de ter tudo que deseja, ou alguém que não tem a capacidade de discernir entre o essencial e o supérfluo, o ressentimento e a ira tornam o levantar e o começar de novo quase impossíveis até que a miragem da autossuficiência se dissipe.

Apesar de a resistência anteriormente descrita ser apenas uma virtude humana, ela é apoiada e ampliada pelas virtudes teológicas e é, de fato, parte constituinte da esperança viva. Assim, não é por mero acaso que as sociedades que mais sofrem têm maior tendência à religiosidade do que suas contrapartes mais "bem-sucedidas". Aqui, a explicação cínica seria a de que Deus serve de "muleta" para os pobres e os oprimidos, como se uma muleta fosse algo ruim para os fracos de espírito.

Enquanto isso, aqueles que se consideram jovens, bonitos, ricos e saudáveis se esquecem de (ou fecham os olhos para) sua própria fraqueza e necessidade de ajuda. O sucesso é a droga predileta do orgulhoso. Quando tudo está nos trilhos, caímos no estupor da autossuficiência. Mas a autossuficiência é apenas uma falsa esperança. É como construir uma casa com uma fundação ruim. É apostar na imortalidade do que é mortal. A autossuficiência é a precursora do desespero.

Quando temos uma fundação espiritual sólida, por outro lado, sentimos toda a suficiência residir em Deus. Não tememos mais nossa própria fraqueza. Nós nos "gloriamos nas tribulações", como disse São Paulo (Romanos 5:3, NVI). Nós nos apoiamos em Jesus, um amigo que fica feliz em servir como muleta nos momentos de dificuldade.

A jornada em busca da esperança viva exige pequenas e constantes decisões de confiar em Deus. Ela exige a coragem de entrar no jogo da esperança, mesmo quando não somos bons jogadores. Iniciar a busca pela esperança viva é um pouco como trocar bolas com um ótimo professor de tênis. Damos o melhor golpe com a raquete, por mais fraco que possa ser, e ele devolve com um pouco mais de força e sempre dentro do alcance. Lutamos para ficar na posição correta e devolver a bola do melhor jeito possível. Ele calcula nosso ponto fraco e devolve bem nesse lugar, para testar a fraqueza. Com o tempo, vem o progresso: quanto mais jogamos, tanto mais melhoramos. Mergulhar na esperança viva é o jeito que encontramos de dizer para o Professor divino que queremos que Ele aumente o nosso nível. Pedimos que Ele mostre do que somos capazes e como a vida pode ser boa quando somos Seus Sócios Minoritários.

No último capítulo, vamos ver como podemos fazer a esperança viva — ao lado da fé viva e do amor vivo — parte da rotina do dia a dia. Com a aplicação dessas virtudes teológicas, aprenderemos a confrontar as fontes mais comuns de medo e vergonha e a levar essas fontes até o Curador, que mal consegue esperar para nos fazer felizes e renovados.

Entretanto, antes de chegar lá, vamos estudar o *amor vivo* como conclusão e clímax da Cura pela Fé-Esperança-Amor. O ensinamento de São Paulo sobre a primazia do amor não poderia ser mais significativa: "Ainda que eu fale as línguas dos homens e dos anjos, se não tiver amor, serei como o sino que ressoa ou como o prato que retine" (1 Coríntios 13:1, NVI).

CAPÍTULO 7

Amor vivo

Os seguidores de Madame Blavatsky, uma mulher do século XIX a quem muitos consideram a mãe da espiritualidade da Nova Era, dizem que seus ensinamentos podem ser resumidos em uma só palavra: compaixão. A compaixão como maior objetivo do coração humano está presente nos melhores livros de autoajuda da Nova Era contemporânea. Essa percepção é bastante correta. Afinal, você já conheceu alguém que tenha uma profunda compaixão sem que essa pessoa seja verdadeiramente boa de muitas outras maneiras? A compaixão está sempre do lado da tolerância, da compreensão e da misericórdia. Imagine um mundo cheio de pessoas com esses sentimentos o tempo todo! A habilidade da alma compassiva de "sofrer com" — como implicam os radicais latinos *com* ("com") e *passio* ("sofrimento") — serve de fertilizante para um lindo jardim de virtudes.

O problema em reduzir o progresso espiritual ao ato de adquirir compaixão é que a compaixão é um *sentimento*, um estado emocional da alma que pode ir e vir sem dizer nada. Como sentimento, ela se encontra longe do controle da vontade e, portanto, está fora de alcance até certo ponto. Quando Jesus pede perfeição de nós, cristãos — lembre-se da discussão do capítulo 4: "Portanto, sejam perfeitos como perfeito é o Pai celestial de vocês" —, e não conseguimos, por vezes, alcançar a compaixão apesar de todos os esforços, então podemos ter confiança de que o ideal que Ele pede de nós pode ser encontrado em algum outro lugar que não na compaixão.

Mas Madame Blavatsky e seus seguidores não estão errados. A compaixão é um fruto maravilhoso e próprio das almas santificadas que aprenderam a amar com o coração de Deus.

Deepak Chopra é outro famoso autor da espiritualidade da Nova Era que vê na compaixão ou "bondade" para com o próximo a chave para a felicidade. Seu livro *As sete leis espirituais do sucesso* é um best-

-seller há muitos anos. Chopra tem um talento para comunicar princípios antiquíssimos em uma linguagem prática e atraente. Uma de suas sete leis é a "Lei da Doação". Ele explica o valor de doar ao próximo do seguinte modo:

> Praticar a *lei da doação* é muito simples. Se você quer alegria, dê alegria aos outros. Se desejar amor, aprenda a dar amor. Se procurar atenção e apreço, aprenda a dar atenção e apreço. Se quiser abundância material, ajude os outros a possuírem em abundância. A maneira mais fácil de obter o que se quer é ajudar os outros a conseguir o que querem. Este princípio se aplica igualmente a pessoas, empresas, sociedades e países. Se você almeja ser abençoado com todas as coisas boas da vida, aprenda a abençoar silenciosamente a todos com as coisas boas da vida. (Ed. Best Seller, Círculo do Livro, 5ª edição, p. 19.)

A Lei da Doação de Chopra nos leva além do campo dos sentimentos e das emoções. Na verdade, sua lei é bastante semelhante à Regra de Ouro: "Faça aos outros o que gostaria que os outros fizessem a você." Que grande lei! Qualquer um que conseguir viver por ela estará bem encaminhado na direção da felicidade natural e bem preparado para uma vida cheia do Espírito, também chamada de beatitude.

Mas por melhor e por mais corretos que sejam os ensinamentos de Blavatsky e Chopra no que diz respeito às relações interpessoais, eles estão a anos-luz de distância do dispositivo cristão do *amor vivo*, que é o assunto deste capítulo.

O chamado mais elevado que pode ocorrer à alma humana é a decisão contínua da vontade de amar o próximo e permitir ser amado, a despeito dos sentimentos positivos ou negativos que possamos sentir (Blavatsky) e a despeito das boas consequências que essas decisões acarretarão para nós mesmos (Chopra). O amor (às vezes chamado de "caridade") é a virtude teológica que cura a vontade egoísta. Como vimos nos capítulos anteriores, a fé cura o intelecto e a esperança cura a memória.

SEGUINDO O MODELO DE JESUS DE AMOR REDENTOR

A vida e a morte de Jesus Cristo pelo sacrifício são o maior contraste possível para as ideias de amor contemporâneas baseadas nos sentimentos e nas consequências. Os livros de autoajuda evocam a mensagem de amor de Jesus, mas poucos ousam explicar essa mensagem de fato.

Para Jesus, amar equivale a entregar-se ao próximo, por amor ao próximo!

- "[Eu vim] não (...) para ser servido, mas para servir." (Mateus 20:28, NVI)
- "Quem não toma a sua cruz e não me segue, não é digno de mim." (Mateus 10:38, NVI)
- "Digo-lhes verdadeiramente que se o grão de trigo não cair na terra e não morrer, continuará ele só. Mas se morrer, dará muito fruto." (João 12:24, NVI)

O amor vivo ao modo de Jesus de Nazaré é o terceiro novo dispositivo do coração. Como dito antes, ele é um estilo de vida que serve como remédio para o egoísmo. O amor convida a reavaliar os relacionamentos no que diz respeito à vocação humana de *amantes* segundo Jesus: um amor que é *pessoal*, *altruísta* e *redentor*.

O jeito com que Jesus amava era pessoal. Ele veio para redimir toda a humanidade, mas escolheu trabalhar com um pecador por vez. Com o mundo inteiro para salvar, Ele ainda encontrou tempo para esfregar lama nos olhos do cego, para jantar com o publicano solitário, para instruir um grupo bastante diversificado de 12 pessoas, para transformar água em vinho, para defender o culpado, para fazer amizade com homens e mulheres — e também para chorar. Esse dispositivo do coração novo e altruísta é um chamado para amar o próximo não apenas porque Deus habita as outras pessoas, mas por *quem as pessoas são*, amadas por Deus e criadas por Ele. O amor vivo, como dispositivo do coração, permite ver as pessoas como Deus as vê, permite amar o próximo como Deus ama, um vizinho, colega, chefe, parente ou filho por vez.

Mesmo depois de muitos anos de casamento — ainda que seja um ótimo casamento — o amor vivo em relação ao cônjuge é um desafio enorme. Ana era uma mulher que vivia no norte de Michigan e que estava casada havia mais de 42 anos. Faz pouco tempo que ela me procurou para dizer que os últimos dois anos do relacionamento com o marido haviam sido mais difíceis do que todos os quarenta anos anteriores juntos. Lionel, o marido de Ana, trabalhara como engenheiro na indústria automotiva durante toda a carreira — em uma única companhia, devo acrescentar. Apesar de não conhecer bem Lionel, enquanto Ana descrevia as dificuldades que vinha enfrentando eu pude me lembrar do tal homem das vezes em que o casal frequentara alguns eventos em que eu fui orador. O que mais me lembro dele eram os objetos para fazer anotações de vários tamanhos, cores e propósitos que ele carregava no bolso da frente da camisa protegidos por um estojo de plástico. Ele era a única pessoa que eu havia conhecido que carregava consigo um compasso e um transferidor o tempo todo!

Lionel era a caricatura do engenheiro. Sua fala era extremamente planejada, fazendo uso de uma gramática perfeita e de uma impressionante precisão no vocabulário. O resultado fonético desse hábito era a presença de tantas pausas entre as palavras quanto havia de palavras na mesma frase. Na verdade, esse hábito era realmente agradável, porque era possível perceber que tudo que ele falava tinha um bom propósito. Se ninguém tivesse me avisado do contrário, eu pensaria que ele odiava me ouvir falar, já que depois de cada palestra ele fazia uma crítica minuciosa da minha apresentação. Mas Lionel o fazia com o coração, de modo que sempre gostei de ouvi-lo.

Ana amava Lionel demais. Ela amava a inteligência do parceiro e seu coração de ouro. Até as esquisitices dele ela aprendeu a amar. Porém, dois anos atrás, contou-me Ana, Lionel fora dispensado da General Motors. A notícia chocou todo mundo. Ana se encheu de rancor quando ouviu a notícia, já que o marido havia dedicado toda a vida à companhia e fora dispensado dois anos antes de atingir a aposentadoria planejada. No entanto, algumas semanas depois de receber aquela bomba, um colega de Lionel foi visitar Ana e confirmou o maior de seus temores. Lionel não fora dispensado por causa de dificuldades financeiras da empresa, como havia sido explicado a ele, mas porque a companhia não podia mais confiar em Lionel para se lembrar de coisas de seu trabalho. O colega contou a Ana que, nos últimos seis meses de trabalho, os colegas de Lionel andaram lhe dando cobertura, uma vez que ele começou a ficar repetitivo e notavelmente esquecido na frente dos chefes e dos clientes. Ana já havia percebido um pouco esse comportamento dentro de casa, mas, como seguia uma rotina bastante rigorosa, Lionel lidava muito bem com a situação — tão bem que Ana estava preocupada com que *ela* fosse a esquecida.

Por fim, Ana decidiu levar Lionel para ver um especialista, que acabou confirmando que o marido estava passando pelos primeiros estágios da demência e que quase com certeza ele sofria do mal de Alzheimer. Mas a demência progrediu com uma velocidade bem maior do que os médicos previram. Agora, dois anos depois da aposentadoria, Ana já não tinha mais paciência. A maioria das pessoas não tinha ideia de que Lionel estava doente, o que fazia com que Ana sofresse sozinha. Como muitos dos pacientes que desenvolvem Alzheimer, Lionel era bom em manter-se na linha e conseguia superar muito bem os eventos sociais. Ele ficava longe de assuntos "confusos" e de relacionamentos muito pessoais e focava em dar respostas prontas e em demonstrar reações que serviam para reafirmar sua segurança.

Apesar de tudo, quando Ana veio falar comigo ela estava espumando de raiva por causa de Lionel. Ele a estava enlouquecendo. "Agora já chega a trinta vezes por dia", disse nervosa, com um olhar que revelava uma mistura de raiva e de culpa. "Ele pergunta o tempo todo: 'E o que vamos fazer agora?' Eu tenho vontade de responder: 'Pessoas loucas não têm nada para fazer, então, pare de perguntar.'" Fiquei surpreso em ver aquela raiva latente em Ana, porque sabia que ela amava Lionel e porque ela sabia que ele não conseguia ajudar a si mesmo. Conversamos um pouco sobre a situação e prometi que iria orar por ela, fazendo um pedido especial para que ela recebesse o dom da paciência.

Meses depois, recebi uma ligação de uma amiga muito próxima que também conhecia Ana. Ela falava sobre a situação complicada em que estava por ter de cuidar de um parente idoso e, a certa altura, sem saber que eu conhecia Ana, contou que uma amiga chamada Ana havia sido de grande ajuda para ela. Ela então contou a história de Ana (não falei que eu já havia falado com Ana por motivos de confidencialidade), enfatizando especialmente um dos poucos capítulos felizes da vida de Ana nos últimos meses. Ela contou que Ana estava lendo a Bíblia antes de dormir e que se deparou com o trecho em que Jesus repreende os discípulos com o famoso imperativo: "Deixem vir a mim as crianças" (Marcos 10:14, NVI). No momento da leitura nada aconteceu, mas Ana acordou de repente, no meio da noite, com uma mensagem muito clara na cabeça: *Jesus amou as crianças por quem elas eram naquele momento, não por quem elas costumavam ser nem por quem viriam a ser, nem pelo que poderiam fazer por Ele. Preciso amar Lionel por quem ele é agora. Preciso amar Lionel como Jesus o ama agora, como uma criancinha.*

Comecei a dizer para essa amiga como aquela história era linda, mas logo fui interrompido. "Não, o que é realmente lindo é o que Ana fez no dia seguinte." Então fiquei sabendo que Ana acordou, foi a uma papelaria e comprou um quadro branco com muitas canetas coloridas — porque Lionel amava canetas! Ela então pediu que Lionel fixasse o quadro na cozinha, o lugar preferido deles dois. A partir daí, Ana criou o hábito de escrever a agenda do dia, diariamente. Ela conversou com Lionel sobre as coisas que ele gostaria que não mudassem (a hora de se levantar, do café da manhã, a tarefa de apanhar as correspondências, o almoço, as tarefas domésticas, o jornal da noite, a hora dos telefonemas e a hora de dormir) e escreveu tudo em azul. Depois, Ana escreveu em vermelho os compromissos semanais que tinham juntos (consultas médicas, visitas de parentes etc.). Por fim, em verde Ana escreveu os compromissos que a fariam se ausentar de casa.

Minha amiga estava impressionada. "Ana diz que Jesus convidou-a a amar Lionel, com aquela debilidade toda, como Jesus amou as crianças. E está funcionando! Você precisa ver: eles parecem dois adolescentes apaixonados de novo. Ela o trata com muito respeito e dignidade. Vez ou outra ela ainda fica frustrada, mas não há mais raiva nem rancor."

Quando ouvi essa história percebi que Ana não havia se tornado apenas mais gentil no trato para com Lionel. Algo profundamente espiritual e sobrenatural havia acontecido. A "mensagem clara" que ela havia recebido ao despertar era uma intervenção divina. O coração de Ana havia sido preparado pela escolha que ela fizera de ler a Bíblia na noite anterior (ainda que ela não se sentisse muito espiritualizada naquele momento, por causa da raiva dirigida a Lionel) e pela abertura geral que dera para que Deus fosse parte de sua vida. Mas essa história dizia respeito a mais do que apenas a boa vontade. Era uma história sobre como o Deus do amor, o "Cão de Caça do Céu", como escreveu lindamente o poeta Francis Thompson, desejava que ela fosse feliz. Era uma história de como Jesus de Nazaré havia entrado no drama de sua vida e a convidado para uma vida cheia do Espírito como Sócia Minoritária Dele. Era uma história que também falava sobre como Jesus amava Lionel. O amor de Deus por Lionel se fez manifesto através de um quadro branco e muitas canetas! O amor divino se fez manifesto em uma esposa que deixou de gritar e de desprezá-lo com o olhar. O amor se fez manifesto em uma agenda na cozinha que sempre eliminava a confusão sobre o que havia para fazer a seguir.

O amor vivo sempre começa com passos tímidos da colaboração humana e resulta em uma grande reação em cadeia de felicidade. A graça de Deus alcançou Ana com uma mensagem clara durante a noite. Ela podia ter ignorado essa mensagem. Em vez disso, aceitou-a como intervenção de Deus em sua vida. Ela então agiu de acordo com a mensagem e tomou uma decisão prática, usando de sua criatividade (que também é um dom de Deus) e do conhecimento que tinha sobre o que fazia Lionel feliz. Deus apoiou Ana em sua obra; por sua vez, Ana agora ajudava minha amiga — aquela que estava contando essa segunda parte da história de Ana — a amar seu parente debilitado com energia renovada, com criatividade e com um espírito sobrenatural.

Se existe um sinal ou uma marca do amor vivo, esse sinal é a abnegação. O modo como Jesus amava era absolutamente abnegado: "Embora sendo Deus, [Jesus] não considerou que o ser igual a Deus era algo a que devia apegar-se; mas esvaziou a si mesmo, vindo a ser servo" (Filipenses 2:6-7, NVI). O dispositivo do amor vivo consiste em entrega, sem qualquer exigência ou mesmo desejo de compensação. O seguidor de Jesus é ordenado a jogar fora toda balança e todo instrumento de medida nos relacionamentos. O amor significa entrega, significa doar a si mesmo de verdade para o próximo. Quando mergulhamos no ato quase divino do amor — o hábito, a disposição, a atitude e o estilo de vida de viver pelos outros e por amor aos outros —, alimentamos a semelhança divina e nos libertamos para ser tudo aquilo que Deus planejou.

Isso é verdade para cada um de nós. Sim, sou verdadeiramente livre e posso me tornar pleno quando vivo em desapego do ego e passo a viver por você, meu semelhante.

Por fim, o jeito de amar de Jesus era redentor. "Com-paixão" foi o que ele fez na cruz. Jesus morreu de forma voluntária porque sua morte traria vida. Se Ele hoje nos convida a morrer para nós mesmos e para a inclinação ao egoísmo que temos — com Ele, através do amor vivo — é porque nós também nos ergueremos no último dia ao seu lado. E também nos ergueremos com Ele aqui e agora, nesta grande terra, ao experimentar a alegria espiritual que Ele deseja para nós! Ao contrário do que diz a mídia secular, nós de fato ficamos mais felizes e mais saudáveis quando vivemos inteiramente para o próximo, confiantes na promessa de que Deus irá cuidar de nós.

O dispositivo transformador do amor vivo que buscamos alcançar não equivale simplesmente a adotar hábitos de simpatia ou de filantropia. O amor vivo consiste em imitar — e em compartilhar — o jeito como Deus nos ama. O apóstolo Paulo não poderia ter sido mais claro ao fazer a distinção entre as boas ações e o amor cristão:

> Ainda que eu fale as línguas dos homens e dos anjos, se não tiver amor, serei como o sino que ressoa ou como o prato que retine. Ainda que eu tenha o dom de profecia e saiba todos os mistérios e todo o conhecimento, e tenha uma fé capaz de mover montanhas, mas não tiver amor, nada serei. Ainda que eu dê aos pobres tudo o que possuo e entregue o meu corpo para ser queimado, mas não tiver amor, nada disso me valerá. (1 Coríntios 13:1-3, NVI)

Mas se toda essa bondade não é amor, o que é o amor, então? Para São Paulo, não é necessariamente dar tudo que temos para os pobres. Nem mesmo morrer por uma boa causa é um sinal garantido de amor. A primeira impressão é a de que São Paulo está dizendo que o amor não diz respeito apenas ao que fazemos, mas trata também das intenções que temos ao fazê-lo.

Apesar de essa intencionalidade ser um elemento essencial do amor ou caridade cristã, o conteúdo dos escritos de Paulo e os quatro

Evangelhos indicam que o amor é ainda maior do que realizar boas ações com uma boa intenção. O amor cristão significa amar todas as pessoas como Deus ama. Você se lembra do Novo Mandamento? "O meu mandamento é este: amem-se uns aos outros como eu os amei" (João 15:12, NVI).

Se você acha difícil compreender esse conceito ou se não fica estarrecido ao compreendê-lo, então você nunca experimentou a qualidade e a magnitude do amor íntimo e pessoal de Deus por você.

Barreiras contra o amor

Há diversos tipos de barreiras que nos impedem de experimentar o amor de Deus. O pecado é a primeira dessas barreiras. A conversão e o arrependimento aliados aos seis passos do processo de Fazer o Caminho Reto (ou algum programa similar) culminam no perdão de Deus, que remove a barreira do pecado. Talvez seja por esse motivo que muito ama aquele a quem muito foi perdoado.

Mas uma consciência limpa em si não é suficiente para experimentar o amor de Deus. Através dos meus estudos de teologia e, principalmente, da minha experiência pastoral, ficou claro para mim que a *capacidade* de conhecer o amor divino está diretamente relacionada à quantidade de amor *humano* que nos tocou.

Por exemplo, a criança que experimenta o abandono em seus primeiros anos quase sempre tem uma grande dificuldade de aceitar o amor em um período posterior da vida, a não ser que consiga compreender a história de sua vida no contexto de um mundo onde o bem e o mal coexistam lado a lado. Conforme essa criança atinge a adolescência, o amor abnegado dos pais adotivos, de repente, parece não ser mais suficiente. Costurada no fundo da psicologia dessa pessoa está uma história de rejeição pessoal que faz com que ela duvide mesmo se *haverá* algum amor que seja real e permanente. Se a experiência da rejeição pode ter um efeito como esse, imagine como deve ser difícil — talvez até impossível — para alguém que *nunca* experimentou amor humano experimentar e aceitar o amor divino e perfeito em algum momento da vida.

Isso não significa que exista algo como "tarde demais" para aprender a amar e ser amado — primeiro entre os mortais, depois em um relacionamento com Deus. No entanto, como veremos com o exemplo a seguir, conseguir tal façanha envolve o processo de fazer o caminho reto.

Tive a oportunidade de conhecer um rapaz de nome Jerome cuja angustiante história de vida é o mais perto que já cheguei de conhecer uma existência absolutamente privada de amor. Jerome se criou no norte da Filadélfia no final da década de 1990. Em 2006, no ano em que Jerome deveria estar se formando no ensino médio, houve mais de quatrocentos homicídios registrados em sua cidade. Nessa época, Jerome tinha 18 anos e vivia nas ruas havia quase quatro anos, testemunhando e participando de uma parte dessa violência.

Jerome não sabe quase nada sobre suas origens. O pouco que pôde aprender dos registros policiais foi que nasceu em um estacionamento e que sua mãe o abandonou logo após o parto, deixando-o em uma lixeira. As primeiras semanas de sua vida foram passadas em uma clínica de desintoxicação para recém-nascidos. Quando chegou aos dez anos, Jerome já tinha morado em 13 lares adotivos e em dois orfanatos. A única moradia "estável" que teve se deu entre os dez e os 12 anos, quando morou com um pai adotivo que convencera Jerome de que era seu tio, e, por conta disso, era mais do que justo que eles tivessem um relacionamento muito "especial". Durante esses dois anos, o "tio Evon" abusou repetidas vezes de Jerome e usou o garoto para buscar drogas. Nesse tempo de transição para a adolescência, Jerome diz ter aprendido a usar a violência como forma de autodefesa e como meio de libertação emocional do ódio que sentia, em suas próprias palavras, "de todo ser humano vivo". Desde os primeiros dias juntos, o tio Evon apresentou o álcool a Jerome; assim, aos 12 anos Jerome já se via buscando, logo ao acordar, o álcool como uma fuga para a sensação de se sentir muito burro ao lado de seus colegas. Essa dependência prematura do álcool logo fez com que ele fosse expulso da escola antes de terminar o ensino fundamental. Para nunca mais voltar.

Não preciso nem dizer que Jerome seguiu o rumo esperado para os jovens de sua idade com um passado semelhante. Ele passou várias vezes pela cadeia (períodos em que ele se lembra de como os mais tranquilos de sua vida até os 19 anos de idade) e pulava de uma moradia temporária para outra, colecionando anos de desemprego enquanto consumia e traficava drogas. Durante esses anos, Jerome não chegou a ter nenhum contato verdadeiro com uma pessoa religiosa e, decerto, não teve nenhuma educação espiritual. Seus únicos contatos com algo espiritual, conforme ele me contou, foram a zombaria que fazia dos prisioneiros que liam a Bíblia (uma reação que surgira em parte devido à inveja, pois Jerome não sabia ler) e na ocasião em que deu um soco no capelão protestante da prisão por tentar "forçar aquela babaquice". Jerome ficou mais do que feliz em trocar alguns meses a mais atrás das grades pelo reconhecimento e a honra que o episódio com o capelão conferiu a ele.

O divisor de águas para Jerome e o principal motivo de estarmos falando sobre ele hoje aconteceu de forma tão inesperada quanto a "mensagem clara" que Ana recebeu de noite. A diferença? A mensagem de Jerome não teve nada a ver com algum momento de "iluminação" ou de "inspiração" — ele não conseguiria reconhecer a inspiração divina nem que ela aparecesse frente a frente —, mas surgiu sob a forma de uma alma generosa e corajosa que vivia mergulhada em amor vivo.

Hoje Jerome descreve John como "o primeiro cara que eu conheci que desejava que coisas boas acontecessem na minha vida". "Todo o resto do mundo queria meu mal", completa Jerome com o sorriso enorme e contagiante que só havia descoberto dois anos antes. O passado de John não era tão diferente do de Jerome. A diferença entre eles é que John teve uma mãe que o amou de verdade desde o primeiro dia de sua vida, ainda que não soubesse como criar um filho. Quando John ficou limpo de seu próprio problema pessoal de abuso de drogas e de álcool, voltou para a casa da mãe, que o incentivou a entrar para as forças armadas. Como soldado, John pôde por fim cultivar disciplina suficiente para começar a tomar as decisões certas. Na base militar, John conheceu um pastor evangélico de baixa patente que viu no rapaz um grande potencial e o tomou como assistente. John jamais havia lido a Bíblia, mas só o fato de passar um tempo ao lado desse pastor e de ver como ele tratava as pessoas fez brotar em John um interesse pelos assuntos espirituais.

Ao fim de seu compromisso militar, John sentiu um forte chamado para voltar à sua comunidade no norte da Filadélfia e ajudar os jovens de lá a deixarem a rua. Quando regressou, John criou uma organização sem fins lucrativos em parceria com empresas e lojas locais para dar empregos simples para homens e mulheres que estavam prontos para fazer a transição dos abrigos públicos à sociedade e que precisavam de uma oportunidade para criar ao menos uma recomendação positiva em um currículo extremamente desfavorável. Quando John conheceu Jerome, em março de 2009, John falava de si mesmo como um "cristão renascido" que havia encontrado significado e propósito na vida através de um relacionamento pessoal com Deus.

John e Jerome se encontravam por acaso, ou era o que John fazia parecer. Jerome se lembra muito bem daquela quinta-feira abafada do mês de julho. Ele estava viajando nas drogas (como quase todo dia), mas permanecia sempre lúcido o bastante para não ser passado para trás por seus concorrentes na rua. John estava fazendo a ronda usual, observando a vizinhança, e se aproximou de Jerome em uma das esquinas preferidas do rapaz. Jerome lembra as primeiras palavras que John dirigiu a ele: "Eu te amo, cara. Eu costumava trabalhar nessa mesma esquina, e tenho certeza de que, no fundo, você é um bom homem. Eu também era um homem bom; mas não sabia disso na época, porque ninguém acreditava em mim e eu não acreditava em mim mesmo. Se você quiser conversar algum dia, é só dar um toque." Jerome respondeu com uma série de palavrões e com um aviso para que John ficasse longe dele.

Acredite se quiser, esse encontro foi a origem de uma grande amizade.

John sabia que Jerome havia respondido da única maneira que conhecia. Naquela noite, John foi dormir pensando em Jerome, imaginando onde o rapaz iria passar a noite (inspiração divina?), e decidiu que iria persegui-lo com uma gentileza incansável. Daquele dia em diante, John procurava por Jerome onde quer que ele estivesse e sempre oferecia uma palavra gentil ou uma garrafa de água. Com o tempo, Jerome passou a aceitar alguns sanduíches quentes também, apesar de ter recusado a oferta da comida de início por acreditar que esmola era algo que não combinava com ele. Certo dia, John percebeu que não havia visto Jerome durante toda a semana e começou a perguntar pela vizinhança. Primeiro foi à delegacia para saber se o jovem havia sido preso. Nada. John acabou encontrando Jerome em um hospital local, onde fora internado depois de levar uma série de facadas desferidas por um traficante de uma comunidade vizinha.

"Quando vi John entrar no quarto do hospital", Jerome conta, "um profundo calor tomou conta de todo o meu corpo. Eu nunca havia sentido algo parecido antes. Foi o primeiro contato verdadeiro e positivo com outro ser humano. Quando vi John naquele momento, o mais baixo de minha vida, soube que ele não estava brincando. Ele procurou por mim, me encontrou e, mesmo assim, não queria nada de mim. Ah, e, graças a Deus, ele também não queria pregar para mim!"

Quanto mais genuíno for o amor humano que nos cerca, tanto mais estaremos abertos para o amor de Deus no tempo e do jeito que Deus o revelar para nós. O que há de mais maravilhoso no amor é que não precisamos esperar que ele venha até nós. Nós podemos amar mesmo quando as pessoas que amamos não amam de volta. Na verdade, por vezes o amor é até mais puro quando não recebemos nada em troca.

Quando Jerome saiu do hospital acabou indo direto para uma prisão devido às acusações envolvendo o tráfico de drogas. John visitava Jerome com frequência e, com o tempo, passou a compartilhar a história de sua própria jornada de fé. Jerome permanecia aparentemente distante, dizendo a John que o único motivo pelo qual continuava a falar com o projeto de mentor era o dinheiro para o cigarro que John trazia de vez em quando. Mas John sabia o que estava fazendo: ele enxergou a ação do Espírito Santo operando em Jerome no silêncio de seu coração. De forma notável, de repente Jerome começou a tomar conta e proteger os detentos mais novos e passou a expressar sua reprovação pelo modo como alguns deles eram tratados.

Certo dia, Jerome chocou John ao perguntar sobre Jesus. A pergunta foi simples e honesta e veio acompanhada pelo linguajar típico de Jerome: "Quem diabos esse tal de Jesus pensa que é?" John enxergou na pergunta uma brecha na armadura de Jerome contra Deus e contra a religião. "Por que diabos você se importa com quem esse cara pensa que é?", devolveu John, abrindo um sorriso enquanto empurrava de volta a proteção impenetrável de Jerome. A conversa terminou aí, mas a busca de Jerome pela face de Jesus estava apenas começando. Durante os seis meses que se seguiram, Jerome passou a ter aulas para obter um diploma de equivalência geral (DEG) ao ensino médio, usando a Bíblia como material de leitura.

A amizade com John foi suficiente para que Jerome se tornasse mais aberto a fazer outras amizades ou, pelo menos, que criasse certo coleguismo saudável com outras pessoas. Os guardas da prisão logo começaram a confiar em Jerome como um dos internos do lado do "bem". Concederam-lhe alguns privilégios por Jerome proteger e avisar de perigos internos. Isso tudo pode parecer muito pequeno, mas, como o próprio Jerome descreve, foi algo que transformou sua vida.

Quanto mais Jerome aprendia a confiar nas pessoas, mais aberto ele ficava ao amor de Deus. Em um período de apenas três meses, Jerome devorou o Novo Testamento. Mas isso não quer dizer que ele havia se tornado um homem completamente renovado. Na metade da pena de um ano, Jerome se envolveu em uma briga com outro interno, a quem descreveu como "um FDP metido que mereceu". Esse julgamento pode ou não ser correto, mas fez com que Jerome percebesse que ele não estava seguindo os novos valores que descobrira. Os antigos hábitos da raiva e da retaliação impediam que ele fosse o melhor que podia ser.

A punição pelo mau comportamento rendeu mais algumas semanas na prisão, tempo que acabou se revelando uma verdadeira bênção. Com a prorrogação, John teve mais tempo para se preparar para o grande desafio da liberdade. Na época eu não conhecia John, mas a experiência de ter vivido na rua, o profundo conhecimento da natureza humana e a crença férrea no amor de Deus levaram-no a ajudar Jerome a percorrer a jornada dos seis passos do processo de Fazer o Caminho Reto, ainda que não na mesma ordem nem com as mesmas palavras.

Ao ler novamente os passos do programa, peço que você tente se colocar no lugar de Jerome. Identifique o que cada passo representaria na prática. Responda em voz alta ou escreva em uma folha de papel a descrição do que ele precisaria fazer. No entanto, não realize essa tarefa como se estivesse aconselhando; faça como se você fosse Jerome. Responda o que *você* pretende fazer.

Esse exercício é bastante útil, mesmo que sua situação seja mais simples que a de Jerome, porque ela irá ajudar você a ser honesto consigo mesmo enquanto estiver confrontando a complexidade de seus próprios problemas — complexidade do seu ponto de vista, principalmente porque são *seus* problemas. Enquanto estiver fazendo o exercício, preste atenção especial em como o processo de Fazer o Caminho Reto prepara a alma para o amor vivo.

Apesar de esses seis passos tratarem antes de uma justiça humana fundamental no relacionamento de uma pessoa com seus semelhantes, eles servem para eliminar os obstáculos que tornariam impossível a homens e mulheres cheios do Espírito viver pelo próximo, por amor ao próximo, segundo o amor de Jesus de Nazaré.

Fazendo o Caminho Reto

1. Faça um inventário moral completo e sincero de sua vida.
2. Admita para Deus, para você mesmo e para outras pessoas a exata natureza de seus erros e sua impotência diante deles.
3. Entregue sua vontade nas mãos de Deus e viva na confiança de que Ele o irá restaurar.
4. Comece a viver o chamado Novo Mandamento: "Amem-se uns aos outros como eu os amei."
5. Faça as pazes com as pessoas que você machucou ao longo do caminho na busca por seus interesses egoístas.
6. Crie e siga um plano prático para se manter responsável diante de Deus e das outras pessoas.

Hoje Jerome está estudando em uma faculdade comunitária e em um programa de aprendizado em carpintaria em uma cidade do nordeste dos Estados Unidos. Mas o que é mais importante é que ele está tentando ser para outras pessoas o que John foi para ele. Não tenho dúvidas de que o amor de Jerome por Deus e pelos outros vai continuar crescendo conforme ele desenvolver seu caráter, por um lado, e conforme deixar que a virtude teológica do amor transforme seu coração, por outro.

Nós sabemos com o que se parece essa transformação. Ela é o amor vivo. Quando a virtude teológica da caridade reina no coração, nos tornamos os pés e as mãos de Cristo para nossos amigos e inimigos. Quando o amor toma conta da personalidade, o senso natural de sobrevivência e de autodefesa se expande, primeiro devagar, depois rapidamente, para incluir a proteção e o bem-estar a cada um dos membros da família de Deus. O ego sempre resistente se transforma, pelo amor, de uma corneta que anuncia sempre o amor próprio em uma orquestra da alma cujo som glorioso preenche o coração com aspiração à justiça e à misericórdia para todo o mundo.

Conforme isso acontece, conforme colaboramos com a graça de Deus e começamos a amar o próximo como Deus nos ama, passamos a substituir o egoísmo por um estilo de vida de amor vivo.

O processo de criar o amor vivo é diferente para cada pessoa. Talvez você conheça algumas pessoas que parecem ter nascido pensando nos outros e ajudando a resolver problemas alheios. Há um homem em minha paróquia chamado Joe que é exatamente assim; ele vive fazendo o bem. Seu sorriso fácil é a reflexão visível de um coração servil. No serviço ele é modesto e não se envolve em disputas mesquinhas. Se você precisar que algo seja feito e ninguém quiser fazer o serviço, procure Joe. Ele irá fazer o que você pedir pelo simples motivo de amar fazer as pessoas felizes. Para ele, a caridade é o dispositivo do coração que tomou conta de seus pensamentos e de seus desejos. É ao hábito da caridade genuína no coração que chamamos amor vivo.

Mas basta mudar o foco de uma pessoa como Joe para alguém como nós mesmos para enxergarmos mais egoísmo do que amor vivo. Somos tentados a desistir ou a manter o motor da caridade em ponto neutro, preferindo que as circunstâncias ditem se iremos nos mover para a frente ou para trás na imitação de Cristo. Mas o amor vivo não foi feito apenas para quem é manso e humilde por natureza. A caridade é a verdadeira marca de *qualquer* cristão. É a única medida de Deus. Desse modo, não importa a personalidade que temos nem a criação que tivemos, todos nós temos a mesma missão: aprender a amar. Santo Agostinho bem disse: "Ame e faça o que tiver vontade."

Você já parou para imaginar o que Deus irá dizer ao encontrar você cara a cara na hora de sua morte? Eu penso nisso com frequência, e quando o faço, tento me lembrar de uma passagem da Bíblia em particular. Há apenas um trecho em toda a Bíblia que descreve em minúcias como será o Juízo Final. Essa passagem está no Evangelho de Mateus. Leia os versículos com atenção e deixe que eles penetrem na sua alma. Neles, Jesus fala sobre o que Deus pede de nós nesta vida:

> Quando o Filho do homem vier em sua glória, com todos os anjos, assentar-se-á em seu trono na glória celestial. Todas as nações serão reunidas diante dele, e ele separará umas das outras como o pastor separa as ovelhas dos bodes. E colocará as ovelhas à sua direita e os bodes à sua esquerda. Então o Rei dirá aos que estiverem à sua direita: "Venham, benditos de meu Pai! Recebam como herança o Reino que lhes foi preparado desde a criação do mundo. Pois eu tive fome, e vocês me deram de comer; tive sede, e vocês me deram de beber; fui estrangeiro, e vocês me acolheram; necessitei de roupas, e vocês me vestiram; estive enfermo, e vocês cuidaram de mim; estive preso, e vocês me visitaram." Então os justos lhe responderão: "Senhor, quando te vimos com fome e te demos de comer, ou com sede e te demos de beber? Quando te vimos como estrangeiro e te acolhemos, ou necessitado de roupas e te vestimos? Quando te vimos enfermo ou preso e fomos te visitar?" O Rei responderá: "Digo-lhes a verdade: o que vocês fizeram a algum dos meus menores irmãos, a mim o fizeram." Então ele dirá aos que estiverem à sua esquerda: "Malditos, apartem-se de mim para o fogo eterno, preparado para o diabo e os seus anjos. Pois eu tive fome, e vocês não me deram de comer; tive sede, e nada me deram para beber; fui estrangeiro, e vocês não me acolheram; necessitei de roupas, e vocês não me vestiram; estive enfermo e preso, e vocês não me visitaram." Eles também responderão: "Senhor, quando te vimos com fome ou com sede ou estrangeiro ou necessitado de roupas ou enfermo ou preso, e não te ajudamos?" Ele responderá: "Digo-lhes a verdade: o que vocês deixaram de fazer a alguns destes mais pequeninos, também a mim deixaram de fazê-lo." E estes irão para o castigo eterno, mas os justos, para a vida eterna. (Mateus 25:31-46, NVI)

Em vez de *falar* mais sobre o amor, vamos aprender com um homem a quem muito respeito como um amante da humanidade grande e santo, ainda que ele não tenha chegado a conhecer ou a aceitar publicamente a graça de Jesus Cristo.

Considero a vida de Mahatma Gandhi um exemplo de particular importância para nossa jornada em direção ao amor vivo porque, como nenhuma outra pessoa não cristã de nosso tempo, Gandhi compreendeu a caridade como a entrega de si mesmo a outra pessoa apenas pelo amor ao próximo. Ele não só evitava fazer distinções entre as pessoas, como explicava seu amor pelas pessoas como resposta à dignidade inerente que cada um possui.

Eu convido você a conhecer a vida e o trabalho desse homem nos parágrafos que se seguem, observando o contexto do que Deus está pedindo de *você* em circunstâncias bastante diferentes.

Mahatma Gandhi: um exemplo de amor vivo

É provável que você já esteja imaginando mentalmente: um homem pequeno, frágil e enrugado vestido com um *dhoti* branco, a roupa tradicional dos homens indianos. Essa é a imagem de Mahatma Gandhi que Ben Kingsley e seu premiado filme *Gandhi* imprimiram no inconsciente coletivo. Gandhi é conhecido como o pai da Índia moderna por ter conduzido o oprimido povo indiano, durante a primeira metade do século XX, a se livrar do imperialismo britânico e conquistar a independência da Índia por meios não violentos.

Porém, focar apenas nas conquistas políticas de Gandhi seria deixar passar a essência do homem e do exemplo único e extraordinário que ele deu. Assim disse Gandhi sobre a política: "Se pareço tomar parte na política é apenas porque a política nos envolve hoje como uma serpente de quem não conseguimos escapar, não importa o esforço. Desejo, portanto, lutar contra essa serpente."

A política não era nem o objetivo, que era produzir uma reforma social que respeitasse a dignidade de cada ser humano, nem o meio preferido de Gandhi para atingir seus objetivos. A filosofia de Gandhi tinha implicações que exigiam uma mudança no mundo político. Ele enxergou a necessidade de a política agir a serviço do bem comum e apresentou sua proposta de reforma política ao longo de toda a campanha que criara para "construir o caráter" na Índia. "Minha obra de reforma social não era menor nem esteve subordinada à minha obra política", escreveu Gandhi. Em 1931, depois de uma campanha política de sucesso, ele disse:

> O fato é que, quando percebi que até certo ponto minha obra social seria impossível sem a ajuda da obra política, dediquei-me à segunda, mas só na medida em que esta ajudasse a primeira. Assim, devo confessar que a obra de reforma social ou de purificação desta natureza é centenas de vezes mais valiosa para mim do que aquela que é chamada de obra puramente política.

O que motivava e moldava a filosofia inerente e a obra desse homem? Gandhi nos dá uma ideia ao afirmar: "Minha vida é um todo indivisível e todas as minhas ações influenciam umas às outras, e cada uma dessas ações contribui para aumentar meu amor insaciável pela humanidade." É com praticidade pura em vez de humildade na consciência que ele afasta o louvor de seus admiradores, pois seu argumento central é de que nada do que ele fez é extraordinário; ao contrário, ele diz, tudo que ele fez está absolutamente ao alcance de todo ser humano:

> Não considero que seja minha missão a mesma de um cavaleiro errante que vaga por toda parte para libertar as pessoas de situações difíceis. Minha humilde ocupação tem sido mostrar às pessoas como elas podem resolver seus próprios problemas (...) Minha obra terá acabado se eu tiver sucesso em convencer a família humana de que todo homem e toda mulher, por mais fraco que seja seu corpo, é o guardião do próprio respeito e da própria liberdade.

Mahatma Gandhi foi extraordinário porque ele enxergou que "ser a mudança que você deseja ver no mundo" é o único meio de conseguir uma transformação social duradoura. Em outras palavras, é a conversão individual que garante a transformação social.

Os famosos métodos de ativismo de Gandhi da não cooperação e da não violência nasceram da consciência aguda que ele tinha da pessoa humana e da relação da pessoa com a transformação genuína. Essa transformação é um processo de *conversão*, não de *compulsão*. A conversão exige que o opressor chegue a uma *compreensão* dos erros de suas ações. O único jeito de ajudar o opressor a fazer isso é demonstrando a dignidade do oprimido — ao provar que a pessoa é mestre da própria vontade — de maneira paciente e que vise ao benefício mútuo do opressor e do oprimido.

Assim, Gandhi desenvolveu um conceito chamado *satyagraha*, a noção da força da alma, em que a conquista do adversário vem através da adoção do sofrimento pela própria pessoa. Evocando as palavras de Cristo que pediam para amar o inimigo como a si mesmo (além de evocar, é claro, o próprio exemplo sacrificial de Cristo), Gandhi explicou que *satyagraha* é um método baseado no amor, a força mais poderosa que existe.

Foi devido a essa filosofia que a luta pela independência da Índia teve um caráter de não violência. O uso de força física era proibido, pois, sem importar as circunstâncias, esse ato equivaleria a violar a dignidade do oponente e seria uma resposta de ódio em busca de poder, não uma resposta fundamentada no amor. *Satyagraha* busca uma solução que seja autêntica e mutuamente benéfica para toda a humanidade. Gandhi tomou o cuidado de insistir que esse conceito é totalmente distinto da resistência pacífica, pois *satyagraha* consiste em uma atitude forte e de ataque, não de passividade; não obstante, o alvo desses ataques devem ser as medidas e os sistemas, nunca os seres humanos.

Mahatma Gandhi foi um herói espiritual porque reconheceu a base espiritual dentro da pessoa humana e a relação que essa base espiritual tinha com uma ordem mais elevada ou lei de Deus. Quando a ordem do mundo falhou em se alinhar com a ordem de Deus, Gandhi mostrou como a força espiritual — os meios pelos quais uma pessoa assume um sofrimento para dar um testemunho da importância e do significado de suas convicções — pode fornecer o testemunho mais convincente da verdade e dar início ao processo de conversão dos corações e das mentes das pessoas.

Gandhi considerava que todo ser humano era merecedor de uma resposta de amor autêntica e igualitária, quer fosse indiano ou britânico, hindu ou muçulmano, membro da casta mais alta ou da mais baixa. Até hoje ele continua sendo uma figura controversa na Índia por ter sugerido que o conceito de "intocável", a posição mais baixa no sistema de castas, está em total desacordo com a realidade da pessoa humana e por exigir que os sistemas político e social de seu país mudassem de acordo com esse pensamento.

Há um elemento pouco conhecido da caridade de Gandhi que merece maior atenção do que recebe. Ao longo de sua vida, Gandhi deu uma série de declarações contra a noção de caridade como uma doação indiscriminada de esmolas. "Minha *ahimsa* [abordagem de não violência]", disse Gandhi, "não tolera a ideia de dar uma refeição gratuita a uma pessoa saudável que não trabalhou para merecê-la de jeito honesto, e se eu tivesse o poder fecharia todas as *sadavrata* em que se distribuem refeições gratuitas. Elas degradam a nação e incentivam a preguiça, o ócio, a hipocrisia e até o crime".

Gandhi compreendeu que a caridade não se trata de uma doação material; a verdadeira caridade consiste no resultado produzido pela doação. Se a doação acontece motivada pelo egoísmo ou para um fim que não ajuda de verdade a pessoa que a recebe, então não pode ser chamada de caridade verdadeira. Se a doação incentiva a pessoa a continuar a viver de forma preguiçosa ou dependente, então não está colaborando para ajudá-la a aproveitar todo o seu potencial e a trabalhar seu caráter, conduzindo essa pessoa a uma espiral de pobreza e degradação.

Ficou famosa também a repreensão que Mahatma Gandhi fez aos cristãos por serem tão diferentes de Jesus Cristo. Ele dizia: "Eu gosto do seu Cristo, mas não dos seus cristãos. Seus cristãos são muito diferentes do seu Cristo."

Com essas palavras, não consigo evitar imaginar que grande seguidor de Jesus Cristo Gandhi poderia ter sido se tivesse conhecido mais exemplos do amor vivo cristão! O que teria pensado, por exemplo, de Madre Teresa de Calcutá, que trabalhou durante a maior parte do século XX com os mais pobres dos pobres da amada Índia de Gandhi? Quando Gandhi morreu, Madre Teresa estava apenas começando sua obra. Tenho certeza de que ele se tornou o maior fã dela do novo lugar, em que tudo podia ver.

Alguém poderia dizer que Gandhi se virou muito bem sem Jesus — ele foi um bom homem que fez coisas maravilhosas. Eu não poderia concordar mais. Eu diria que ele se virou incrivelmente bem sem Jesus. Sua bondade natural e os frutos de sua obra servem como um farol que proclama para um mundo extremamente variado a capacidade universal da razão humana de saber, de modo geral, o que é certo e o que é errado e de proclamar a força da alma humana para defender o bem e lutar contra o mal, mesmo que seja grande o custo pessoal.

Não obstante, o objetivo que colocamos para nós mesmos neste livro vai além de aprender sobre a bondade natural. Nosso objetivo consiste em alcançar a beatitude — a felicidade sobrenatural encontrada na união com Deus, através de seu filho Jesus Cristo — e de se tornar aquilo que Deus planejou que fôssemos. Fazer o bem, mesmo que seja um bem enorme, é um bom ponto de partida, mas fomos criados para ir além. Fomos criados para desabrochar em todos os níveis, em preparação para a vida eterna.

Quantas pessoas boas existem por aí que ainda estão buscando por um significado transcendental na vida? Quantos filantropos não estarão perguntando se há algo mais além de consertar o aqui e agora? Quantas almas espiritualizadas não estarão sedentas de respostas? Talvez essas pessoas estejam procurando pela mesma coisa que Mahatma Gandhi lamentou não conhecer: um verdadeiro testemunho cristão, pessoas comuns como você e eu que ousam confiar na palavra de Cristo: "Eu vim para que tenham vida, e a tenham plenamente!" (João 10:10, NVI).

Outra parte da cura da vontade por meio do amor acontece quando vemos as bênçãos que recebemos como resultado de nossa abnegação. Começamos a amar o amor não só porque ele traz o bem para o próximo (que é a intenção primária), mas porque reconhecemos que esse modo de viver nos torna mais felizes e saudáveis. Essas duas intenções não são contraditórias porque ambas estão de acordo com a vontade de Deus para nós. Amamos o próximo porque as pessoas devem ser amadas por quem são e, através da ação do amor, Deus nos ama em retribuição. Ironicamente — ou, melhor dizendo, de acordo com a lógica misteriosa de Deus —, quanto mais doamos de nós mesmos, mais nos encontramos. É em abrir mão de nós mesmos que recuperamos quem realmente somos, não apenas quem éramos antes de abrir mão, mas do modo como Deus sempre planejou que a alma fosse: uma imagem humana gloriosa de sua divindade.

* * *

AGORA PODEMOS COMPREENDER por completo a Cura pela Fé-Esperança-Amor. Se você estiver esperando por um milagre em sua vida, não precisa mais procurar. O milagre predileto de Deus é a graça. A graça é "Emanuel, Deus conosco" — Jesus —, e Ele habita em nós na forma da fé, da esperança e do amor.

Não há motivo para se preocupar se *compreender* a Cura pela Fé-Esperança-Amor não serviu para restaurar você ainda. A vida espiritual é uma jornada que envolve o conhecimento intelectual, mas que se trata primeiramente de trazer esse conhecimento da cabeça para o coração, onde saudamos Deus como o doce convidado da alma; lá Ele habita em nós a todo instante e todos os dias e em cada um dos relacionamentos que temos. No céu, isso não será um *trabalho*. Até lá, cada momento é um novo começo, uma nova chance de colaborar com a Cura Divina.

O capítulo a seguir é um convite para mergulhar nessa cura. Ele foi criado a fim de servir de inspiração para iniciar ou continuar a aventura da *fé viva*, da *esperança viva* e do *amor vivo*. O projeto humano de construir uma vida feliz e digna é sempre complexo e, às vezes, atribulado. Quer você esteja passando por momentos difíceis em sua vida, quer você esteja empacado na rotina e sem inspiração, no próximo capítulo veremos meios concretos e poderosos pelos quais iremos nos tornar tudo aquilo que Deus deseja.

PARTE 3

O programa

CAPÍTULO 8

Santos vivos: voltando para casa

Dentre os diversos motivos maravilhosos para ser um padre está a chance de confortar o próximo durante uma tragédia. Como pastores e clérigos de muitas religiões tradicionais, eu visito os enfermos, enterro os mortos, consolo vítimas e sobreviventes e sirvo de mediador em conflitos. Apesar de às vezes ser difícil me envolver intimamente e com frequência nesses traumas emocionais e físicos, quase sempre deixo tais experiências com uma esperança renovada em Deus e no espírito humano.

Essa esperança não é fácil de explicar. Para falar a verdade, o maior argumento que há contra a existência de um Deus todo-poderoso e amoroso reside exatamente no fato de que a esperança é necessária para a vida. Se Deus nos poupasse do sofrimento, se Ele sempre interviesse e nos fizesse bem, se o céu estivesse na terra, então não iríamos precisar de fé ou de esperança. Este é um argumento bem forte: por que Deus faz tudo tão difícil para seus filhos?

Se não houvesse uma resposta racional e aceitável para essa pergunta, se Deus não oferecesse um caminho para seguirmos em frente, para sair dessas confusões naturais ou criadas por nós mesmos, então eu teria de concordar que o cristianismo não passa de uma grande farsa. Eu não colocaria toda a minha confiança em um Deus que não tem uma resposta para o verdadeiro sofrimento humano.

Mas *existe* um caminho. Eu acredito que a Cura pela Fé-Esperança-Amor — a Cura Divina — seja o caminho que Deus usa para curar todo e qualquer sofrimento. Aconteça o que acontecer durante esse caminho, se permitirmos que Deus habite em nós através das virtudes teológicas, nada poderá nos derrotar. Alguns dias vão ser piores que outros, nossa vida ou a vida de pessoas queridas pode ser encurtada na terra, mas se tivermos fé, esperança e amor, não precisamos nos desesperar, porque sabemos que Deus está sempre do nosso lado. Apesar de passarmos por esse mundo imperfeito colecionando tropeços e machucados, podemos fazer isso com alegria e significado ao saber que Deus tem algo maravilhoso esperando por nós logo depois da curva, tanto na terra quanto no céu.

A Cura pela Fé-Esperança-Amor em ação

Em certas partes deste livro mudei o nome ou certos aspectos que poderiam identificar algumas pessoas para proteger a privacidade delas. No entanto, gostaria de apresentar você a Cynthia Mernagh, de Akron, Ohio. Pedi a permissão de Cynthia para contar sua história e usar seu nome verdadeiro porque ela é o maior exemplo que já testemunhei de fé viva, de esperança viva e de amor vivo. A história dela precisa ser contada. Sua vida é um testemunho da Cura Divina e do poder dessa cura de nos fazer imensamente felizes, a despeito do que a vida nos traz.

Cynthia é casada com Dan e eles têm oito filhos. Há seis anos, Cynthia foi diagnosticada com um câncer de mama em estado avançado. Na época seus filhos tinham entre cinco e 19 anos.

Quando eu era um adolescente cínico, conhecia a "Sra. Mernagh" como a vizinha que sempre expressava uma alegria eufórica sobre assuntos que eu considerava tolos e até entediantes. Ainda posso ouvir o tom estridente de sua voz cumprimentando-nos enquanto entrava em minha casa ou quando entrávamos na dela. Pela centésima vez ela diria a mim e a meu irmão mais velho como era *maravilhoso* nos encontrar. Eu e Joe não tínhamos o menor interesse em cumprimentar qualquer amiga de mamãe que fosse, mas era especialmente necessário evitar a Sra. Mernagh com todo aquele entusiasmo.

Hoje, pensando no convívio que tive com a Sra. Mernagh, um pensamento se destaca: nós sabíamos que toda aquela alegria era genuína. Apesar de respondermos àquela gentileza com ironia e com sorrisos sorrateiros, sabíamos que aquilo era felicidade verdadeira.

Podemos ver hoje como ela era verdadeiramente feliz. Depois de anos de remissão do câncer a doença voltou e, dessa vez, estava em metástase. O câncer se espalhara para a coluna dorsal, para a pelve, para os pulmões e para o cérebro. Durante esse desafio de sofrimento físico e emocional, Cynthia tem mostrado a todos à sua volta o que significa ser cristão, servindo como demonstração do milagre que a graça de Deus pode realizar em uma alma generosa e disposta.

Há alguns meses, Cynthia compartilhou sua situação com algumas mulheres do bairro fazendo uso das seguintes palavras:

Apesar da radioterapia e de várias sessões de quimioterapia, o câncer continua a se alastrar. Isso me mostra como a vida pode ser cheia de surpresas e mudanças e serve para dar ênfase à realidade de que não estamos vivendo apenas por viver. Todos os dias eu faço a mesma pergunta: "O que você quer de mim hoje, Senhor? De que forma posso melhor servir à sua vontade?" Preciso resistir à tentação de ficar com medo ou imaginando o cenário em que meus filhos experimentam a vida sem a mãe. Tenho apenas o dia em que estou viva para amar a Deus, amar Dan e amar meus filhos e todas as demais pessoas. Essa é minha missão agora. Na verdade, acredito que essa sempre tenha sido a minha missão.

Cynthia conseguiu descrever em poucas frases a Cura Divina. Fiquei tão emocionado ao conhecer sua vida depois do câncer que pedi que ela entrasse em maiores detalhes comigo para contribuir com este livro. Pedi especificamente que ela falasse sobre o que significavam a fé, a esperança e o amor para ela, agora que sabia que estava morrendo e que deixaria marido e filhos para trás.

No dia em que havia marcado para falar com Cynthia ela começou a sofrer de dificuldades na coordenação motora e o médico ordenou que voltasse ao hospital para fazer mais alguns exames. Ela estava exausta. Porém, seu e-mail de resposta à minha sugestão de adiar a conversa por conta das complicações dizia tudo: "Está confirmado, às 9h30!!" Duvido que Cynthia tenha feito uso dos pontos de exclamação para expressar que estava *disposta* a conversar comigo às 9h30. Ela usou das exclamações para mostrar como tinha uma *vontade apaixonada* de fazer a coisa certa.

Enquanto estiver lendo o relato de Cynthia, tente se lembrar de que ela já havia feito o caminho reto para o Senhor. Pelo jeito com que ela fala sobre a vida e sobre a morte fica claro que não evitou lidar com nenhum grande problema da vida. Acredito que, para a maioria das pessoas, algum problema importante do passado atue como barreira, impedindo a pessoa de experimentar a graça de Deus do jeito como Cynthia consegue. Deus consegue dar às pessoas certa calma nos tempos de dificuldade, mas os problemas que nunca são resolvidos, seja através dos seis passos do processo de Fazer o Caminho Reto, seja pelo processo de se libertar (como visto no capítulo 3), interrompem o fluxo poderoso da graça de se derramar sobre a alma e a inundar, como ocorreu de maneira visível com Cynthia.

O trecho que se segue é apenas parte da nossa conversa. Eu convido você a se lembrar das definições de *fé viva*, de *esperança viva* e de *amor vivo* enquanto estiver lendo as respostas de Cynthia. É exatamente assim que se parecem esses hábitos na vida de uma pessoa que atravessa um período extremamente delicado. Mas Cynthia não adquiriu esses hábitos apenas quando ficou doente; eles já eram parte de sua vida desde quando eu a conheci. A Cura pela Fé-Esperança-Amor não se destina apenas a pessoas enfermas, mas perceber o que essas virtudes teológicas fizeram na vida dessa boa mulher é uma inspiração para que todos nós comecemos a praticá-las hoje.

PADRE JONATHAN: Cynthia, o que significa fé para você agora?

CYNTHIA: Fé significa reconhecer Deus como um Pai que me ama e saber que seu amor por mim não depende do que faço ou deixo de fazer. Por exemplo, Ele não me ama mais ou menos agora que estou doente. Posso ter confiança Nele por causa da natureza de Seu amor divino.

PADRE JONATHAN: E quanto à esperança?

CYNTHIA: Seria difícil imaginar minha vida sem a esperança suprema de algum dia chegar ao céu. Além disso, a esperança é a confiança no fato de que meu sofrimento servirá para trazer o bem a outras pessoas.

PADRE JONATHAN: Mas de que forma o seu sofrimento pode ajudar outra pessoa?

CYNTHIA: Bem, por exemplo, um dos meus filhos estava passando por algumas dificuldades, então eu disse para Jesus: "Você pode deixar meu câncer voltar e eu me oferecerei no lugar do meu filho; vou unir meu sofrimento ao sofrimento de Cristo." Uma semana depois, descobri que o câncer havia voltado. Então, sei que posso trazer vida para os outros. Essa é minha missão agora.

Outro exemplo: tenho uma sobrinha que está sofrendo de anorexia; quando não sinto vontade de comer por não estar me sentindo bem, eu como por ela. É um pequeno sacrifício que ofereço a Jesus.

PADRE JONATHAN: Mas o que é que a sua ação de comer tem a ver com o distúrbio alimentar dela?

CYNTHIA: Bem, quando não estou a fim de comer eu penso nela, de modo que Jesus compreende que quando sigo em frente e como (é o que os médicos querem que eu faça), Deus dá a ela a graça especial. Estou tentando fazer por ela o que ela não consegue fazer por si mesma por causa da doença.

Isso me lembra: acho que existe um excesso de sofrimento desperdiçado no mundo. Oferecer meu sofrimento como forma de oração é a minha missão. É a ferramenta que tenho no momento. Chego até a oferecer meu sofrimento por coisas como a economia e a recessão em que nos encontramos, ofereço meu sofrimento para que as pessoas encontrem trabalho. Quando Jesus estava sofrendo na cruz e orou por nós, você não acha que aquela oração foi muito eficiente?

PADRE JONATHAN: Sei que você anda muito cansada nos últimos dias. Você se sente cansada demais para orar? Você usa frases inteiras para expressar sua oração? De que modo você ora?

CYNTHIA: Essa é uma boa pergunta, porque, se confiasse apenas na minha memória para me lembrar de como são as orações, hoje em dia não poderia orar *de forma alguma. Eu confio que o bom Senhor conhece meu coração. Não preciso formular frases nem dizer uma única palavra. Eu estou sempre conectada com Ele e Ele lê meu coração.*

PADRE JONATHAN: O que o amor significa para você? Como você o pratica?

CYNTHIA: Olha, talvez me torne repetitiva aqui. Isso porque a fé, a esperança e o amor são coisas bastante interconectadas, *para mim. Eu digo para o Senhor: "Esse câncer foi ideia sua. Essa é a dádiva que você me deu. Espero que eu faça um bom trabalho ao suportá-la." É assim que eu tento amar a Deus: carregando minha cruz da melhor maneira possível.*

Temos um pequeno lema na família, que diz assim — são apenas três frases, então consigo me lembrar: "Lembre o passado com gratidão, viva o presente com paixão e olhe para o futuro com confiança."

Viver o presente com paixão é minha parte favorita. Apesar de me sentir tentada a ter medo do que acontecerá com as crianças quando eu não estiver mais aqui, percebi que esse medo me impede de viver o presente com paixão. Então, por exemplo, comecei a me oferecer como voluntária na igreja semana passada. Estou trabalhando na sacristia, limpando e preparando o altar e tudo o mais. Eu e Dan ficamos preocupados quando comecei a realizar essa tarefa porque não sei por quanto tempo vou conseguir me manter no trabalho, mas então pensei: "Eu ainda estou viva, então não preciso me preocupar enquanto eu tiver forças para trabalhar."

Volto a dizer, a verdadeira tentação é começar a imaginar como será a vida para Phillip, por exemplo, que tem apenas 12 anos de idade. Porém, como família, decidimos pedalar essa bicicleta juntos. Não vamos nos preocupar. Vamos apenas seguir pedalando.

PADRE JONATHAN: Existe algum pensamento em particular que ajuda você a se manter firme?

CYNTHIA: Há uma passagem da Bíblia que tem um profundo significado para mim. É Hebreus 10:35-36. Gosto muito da primeira parte, que diz: "Por isso, não abram mão da confiança que vocês têm; ela será ricamente recompensada." E continua assim: "Vocês precisam perseverar, de modo que, quando tiverem feito a vontade de Deus, recebam o que Ele prometeu." E é isso que eu digo para mim mesma quando vou levar minha filha para as aulas práticas de direção: "O Senhor está no comando, não desista!" O mesmo acontece quando vou tomar conta de Andrew. [Andrew é meu tio. Ele é portador de necessidades especiais e mora com Cynthia e Dan há vários anos.] Deus revela muito para nós, por isso precisamos continuar seguindo em frente e confiando em Deus nosso Pai, que sempre ama em abundância, a despeito do que podemos ou não podemos fazer.

Antes de dizer adeus, Cynthia me convidou para ir visitá-la da próxima vez que eu estivesse em Ohio. Suas palavras foram: "Seria *maravilhoso* receber você!", palavras tão verdadeiras quanto aquelas de quando eu era adolescente. Dessa vez, eu finalmente compreendi. Infelizmente, Cynthia faleceu poucas semanas depois dessa entrevista.

Cynthia foi grata por seu passado, viveu o presente com paixão e, embora estivesse morrendo, olhou para o futuro com confiança. Porque colaborou com a graça de Deus, a Cura pela Fé-Esperança-Amor impediu que ela se considerasse uma pessoa doente, ou como uma mãe que estava prestes a abandonar marido e filhos, ou como uma vítima de uma doença imerecida.

Em vez disso, ela se via como era de verdade: filha de um Pai amoroso que conhecia seu sofrimento, que estava ao lado dela e que seria fiel à promessa de fazer um bem maior a partir de todo aquele sofrimento. A fé curou o intelecto de Cynthia da superficialidade — ela percebia a verdade sobrenatural. A esperança curou sua memória ao libertá-la dos pensamentos temerosos das coisas terríveis que poderiam acontecer. E o amor curou sua vontade ao libertá-la do egoísmo e ao permitir que ela vivesse focada nas pessoas e no Deus que ela amava. Cynthia foi profundamente feliz, e essa foi uma prova da Cura Divina.

Como conheço a família Mernagh, já posso até imaginar que bem maior Deus irá fazer a partir da doença que atingiu Cynthia. Uma pequena parte desse bem é ver que seis dos oito filhos dos Mernagh decidiram se tornar missionários e já estão estudando para realizar esse sonho (cinco dos meninos estão estudando para ser padre!). O amor deles por Deus há muito já havia surgido, muito antes da doença da mãe, mas foi a fé, a esperança e o amor que encontraram no lar — nos momentos de paz *e* nos momentos de dificuldade — que deram a eles a coragem e o desejo de fazer algo maior por Deus, o Pai amoroso, e pelo próximo. Veja o que Cynthia disse sobre a criação de seus filhos:

Desde o começo do nosso casamento Dan e eu planejamos criar nossos filhos para amar e servir ao Senhor. Queríamos passar para eles aquilo que era mais valioso para nós, o relacionamento íntimo com o Senhor. Qual seria a vantagem de eles terem muito sucesso, de desfrutarem de abundância material, se ganhassem o reconhecimento alheio — de que importariam essas coisas todas se não estivessem desfrutando da alegria de conhecer e amar Deus com intimidade?

Um relacionamento com Cristo é um dom e, como vocação, é algo que apenas o Senhor pode conceder. Porque tínhamos essa compreensão, lutamos para colocar nossos filhos na melhor posição possível para receber esse dom.

Ver Cristo no centro da vida de nossos filhos bastaria para saber que, qualquer que fosse a vocação para a qual fossem chamados, atingiriam a plenitude.

Assim, Dan e eu decidimos que iríamos trabalhar duro para cumprir o que vimos como o objetivo principal do papel de pais: ajudar nossos filhos a descobrir a vocação da vida deles e prepará-los para viver essa vocação. Uma das melhores maneiras para conseguir isso seria fornecer um casamento estável e uma vida familiar confortável para as crianças. Eu e Dan conhecíamos muitas famílias em que a desunião entre os pais, a falta de perdão ou de afeto, o estresse financeiro, a raiva ou algum pecado exacerbado levaram os filhos a crescer com baixa autoestima e com a falta de habilidade para tomar decisões prudentes. Por outro lado, um ambiente familiar seguro garante o desenvolvimento emocional saudável dos filhos. A família serve para dar confiança para que eles se lancem "no mundo selvagem" para seguir o chamado de Deus e para poder encarar a vida como um desafio geral.

Talvez você se sinta muito distante da possibilidade de viver a Cura pela Fé-Esperança-Amor como Cynthia e Dan. A boa notícia é que não precisamos ser como eles. Assim como Cynthia disse para o Senhor: "Esse câncer foi ideia sua. Essa é a dádiva que você me deu. Espero que eu faça um bom trabalho ao suportá-la", nós também podemos agradecer ao Senhor, com nossas próprias palavras, por permitir os sofrimentos que temos na vida, sem importar quais sejam. Tudo que precisamos fazer é garantir que iremos "fazer um bom trabalho ao suportar" os sofrimentos, como disse Cynthia. Fazer um bom trabalho ao carregar a cruz provavelmente será diferente para cada um de nós. Você pode não ser tão espiritualizado nem ter os mesmos pensamentos espirituais de Cynthia, mas se pretende permitir que Deus realize sua obra através da Cura Divina, é preciso confiar nas verdades duradouras de que dependem a fé, a esperança e o amor. Essas verdades são imutáveis.

Por exemplo, pense na grande esperança que Cynthia tinha do céu. De onde será que ela tirou essa esperança? Ela encontrou essa ideia na Bíblia. Ela encontrou essa ideia na igreja. Ou talvez tenha sido em oração. Trata-se de uma promessa divina que Deus fez para a humanidade há milhares de anos. E é uma promessa pessoal: chegará um momento na existência, não muito distante, em que Deus irá olhar para nós com amor e intimidade, abraçando a todos como filhos pródigos, enxugando cada uma de nossas lágrimas.

Tendo consciência perfeita das causas opressoras de cada uma de nossas lágrimas, voltado para o drama pessoal que as provocou, nosso Pai amoroso irá fazer com que nossas lágrimas sequem para sempre — se permitirmos — e irá fazer nosso coração transbordar de beatitude, de contentamento e de alegria.

Essa jornada espiritual começa com a ajuda divina (somos amados por Deus, ele nos dá vida e nos sustenta), continua com a autoajuda (ao usar os mecanismos naturais da inteligência e da vontade que Deus concedeu) e chega ao seu ápice com mais ajuda divina, na forma da fé, da esperança e do amor.

MERGULHE NA VERDADE ESPIRITUAL

Qualquer que seja o grau de experiência divina que desenvolvemos dentro de nós, sempre podemos fazer com que essa experiência aumente ao refletir sobre a Palavra de Deus:

> [Deus] enxugará dos seus olhos toda lágrima. Não haverá mais morte, nem tristeza, nem choro, nem dor, pois a antiga ordem já passou. (Apocalipse 21:4, NVI)

Todo dia temos de fazer uma escolha entre a superficialidade e a fé viva, entre o medo e a esperança viva, entre o egoísmo e o amor vivo. Podemos escolher entre confiar apenas na inteligência e no humor para avaliar se devemos estar ou não felizes, baseado em circunstâncias mutáveis e aleatórias (a maioria das quais não temos sob controle), ou podemos enriquecer a memória, a razão e a vontade com verdades espirituais e começar a contar com o plano de Deus para a felicidade na terra.

Fazer isso é algo que exige meditar sobre a Palavra de Deus. É algo que exige abrir os olhos e tentar descobrir o que Deus está dizendo sobre nossa situação, mesmo sem entender de maneira imediata.

Basta apenas um instante para dar um salto de fé na direção do reino espiritual. Lembrando que o plano de Deus envolve tanto a salvação eterna quanto a felicidade terrena (beatitude), podemos fazer uma oração como esta:

> Jesus, certas coisas não parecem estar no lugar. Na verdade, me sinto tentado a acreditar que tudo está muito ruim. Não sei o que será do futuro. Mas sei como essa história termina. Eu e você, e as pessoas que amo, iremos vencer. Cada uma das minhas lágrimas e das lágrimas das pessoas que me são queridas vão desaparecer. Eu acredito em você. Eu amo você. Hoje, vou fazer a minha parte.

As palavras específicas que você usará não importam. Se as palavras acima não se encaixam na sua atual circunstância, faça qualquer outra oração de louvor e de comprometimento que venha do coração.

Milhares de anos antes daquele lindo versículo do livro do Apocalipse — o versículo anterior que falava sobre as lágrimas que serão enxugadas — e ainda séculos antes do nascimento de Jesus, o profeta Isaías anteviu o encontro da humanidade com esse Deus amoroso e piedoso. Isaías descreve o consolo de toda dor como mais do que apenas o enxugar das lágrimas. Ele diz que Deus irá cuidar de nós com a doçura de uma mãe que cuida do filho: "[Como crianças,] vocês serão amamentados nos braços dela e acalentados em seus joelhos. Assim como uma mãe consola seu filho, também eu os consolarei" (Isaías 66:12-13, NVI).

Nós podemos escolher entre ficar lamentando as feridas emocionais ou desfrutar da paixão no agora e da confiança no amanhã. Podemos permanecer na superfície ou podemos ir além e imaginar o futuro fabuloso que nos espera. Não se trata de um mero pensamento positivo, mas de um gerenciamento mental da espiritualidade que sincroniza os pensamentos e as emoções com a verdade. Trata-se de discernir quais pensamentos são de Deus (os pensamentos que nos convidam a ser mais semelhantes a Ele) e quais pensamentos são inúteis e mais parecidos com tentações de Satã, que deseja ver a humanidade presa ao passado, à tristeza e à desesperança. Trata-se de regular quais pensamentos têm permissão para ficar e quais serão ignorados por não serem de Deus.

A Cura pela Fé-Esperança-Amor no dia a dia

Ainda que os momentos mais difíceis da vida possam ser pontos críticos que nos desafiam a passar de bom para ótimo na vida espiritual, como vimos no capítulo anterior, não é preciso esperar por algum acontecimento extraordinário para sermos transformados pela Cura pela Fé-Esperança-Amor.

Se algum dia você chegar a duvidar que a vida cotidiana pode ter um grande valor, basta lembrar que Jesus passou seus primeiros trinta anos de vida — de forma intencional — na obscuridade. Ele morou com seus pais, trabalhou como aprendiz de carpinteiro e não realizou nenhum milagre conhecido. Esse período não serviu apenas como preparação para os grandes feitos que Ele realizaria no futuro; os anos no ostracismo foram parte da obra de salvação. Jesus estava realizando a vontade do Pai mesmo antes de começar a pregar, a peregrinar e a curar.

Mas Jesus não estava sozinho na sua escolha pela simplicidade. José e Maria desempenharam papéis fundamentais na história da salvação, mas o fizeram no silêncio do lar. O silêncio relativo dos autores do Evangelho a respeito de José e de Maria torna a vida deles ainda mais poderosa, pois significa que podemos viver a Cura pela Fé-Esperança--Amor exatamente agora, nas circunstâncias mais comuns da vida.

É claro que uma vida de simplicidade e discrição não serve para nos tornar santos ou mesmo boas pessoas. É no segredo da consciência que decidimos o que vamos ser. Quer sejamos figuras públicas ou completos desconhecidos, nada do que dizemos ou fazemos pode substituir o modo pelo qual preservamos a alma sagrada. Essa manutenção acontece por meio da fé viva, da esperança viva e do amor vivo no dia a dia.

Esta seção do capítulo é um convite a continuarmos traduzindo o desejo pela melhoria interna, pela santidade e pela felicidade em um programa espiritual que dure por toda a vida. É comum recear não estar crescendo do modo desejado, ou nem mesmo estar seguindo na direção certa. Nossa vida é repleta de atividades. Não pensamos em coisas espirituais o tempo todo, nem mesmo todos os dias. A maior parte do tempo que temos é usada para pagar contas, apanhar as crianças na escola, lavar as roupas e cuidar de outros afazeres da rotina. Ficamos preocupados com o marido e com o que ele estará fazendo, e se ele está feliz ao nosso lado. Ficamos preocupados ao tentar descobrir como iremos pagar a faculdade de nossos filhos. Em meio a todas essas atividades, acabamos nos perguntando se a vida se resume a ser apenas uma grande distração.

Talvez sejamos *mesmo* distraídos, mas a boa notícia é que não precisamos fugir de tudo e nos juntar a um monastério para começar a focar no que é importante. Ao assumir a forma humana, Jesus elevou nossa humanidade ao nos conceder uma dignidade divina. Deus fez a alma humana à imagem e semelhança de Si mesmo; mas Ele fez a Si mesmo — em Jesus — à imagem humana, com todas as dificuldades que implicam ser humano. A Bíblia diz que Jesus era como o homem em todas as coisas, a não ser no pecado. Por esse motivo, é possível dizer com segurança que podemos ser como Jesus mesmo quando estamos realizando tarefas bastante mundanas. Todo o trabalho que temos para manter a estabilidade financeira, a saúde e alcançar a felicidade pode ser parte da vida espiritual.

A união com Deus depende de como fazemos tudo o que fazemos. Há três pontos de entrada muito especiais na Cura Divina que podemos aplicar ao dia a dia — isto é, fazendo o que fazemos:

1. Faça coisas comuns de um jeito extraordinário.

2. Desapegue-se das causas justas.

3. Converse com frequência com o Sócio Majoritário.

Faça coisas ordinárias de um jeito extraordinário

Eu conheço um homem que trabalha como engraxate na esquina da Sexta Avenida com a Avenida 47, em Nova York. Sempre de bom humor e com uma eficiência admirável, ele assobia, brinca e chama a atenção dos passantes fazendo com que se tornem clientes. Ele transformou o que poderia ser um trabalho muito chato em um show que faz outras pessoas sorrirem e que acaba melhorando em muito o seu negócio.

Conheço muitas outras pessoas que ganham muito mais dinheiro do que ele, mas que não têm a capacidade de aprimorar e levantar o astral de seu negócio como esse homem — e que tampouco sorriem com a mesma frequência. Certo dia, enquanto sentava no alto da cadeira de engraxate desse meu amigo, perguntei o que é que fazia dele um homem tão feliz. Perguntei se ele já havia sofrido na vida. Ele respondeu contando uma história terrível de traição por parte de sua ex-mulher, que também era mãe dos seus filhos. O episódio da traição havia acontecido anos atrás, mas ainda afetava sua vida, uma vez que ele tinha de lidar com uma família desfeita.

"Então por que você é tão feliz?", perguntei. "Você não tem raiva de tudo o que aconteceu? Com todos esses acontecimentos do passado, como você consegue seguir sorrindo e fazendo sorrir?"

A profunda simplicidade da resposta que ele deu me surpreendeu: "Há muito tempo tomei a decisão de não me preocupar com aquilo que não consigo mudar."

"Então você simplesmente não pensa no que aconteceu?", insisti.

"Sim", ele respondeu, "em poucas palavras, é isso. Não estou ignorando a realidade, mas decidi que não vou percorrer esse caminho. Não quero vingança. Não quero cultivar o ódio. A vida é o que é e eu estou seguindo em frente. Há muitas coisas boas pelas quais precisamos agradecer a Deus — por que é que eu iria focar na única coisa que deu muito errado?"

Mais tarde ele revelou que mantém uma relação cordial e saudável com a mãe de seus filhos, por causa dos filhos e também de si mesmo. Os dias daquele homem são uma bênção para as pessoas — incluindo os membros de sua família — e também para ele, porque ele não deixa que o coração chafurde em pena de si mesmo nem em raiva.

Meu amigo não explicou seu raciocínio em termos espirituais, mas o que ele havia escolhido fazer era bastante espiritual. Ele escolheu proteger sua alma das armas favoritas do diabo, que são a raiva e o ressentimento, e optou por viver sua vida com paixão e olhar para o futuro com confiança. Há muita fé, esperança e amor nesse homem!

A diferença entre uma vida repleta de distrações e uma vida de grande espiritualidade é bastante pequena em termos de o que temos de fazer para passar de uma para outra. Isso acontece porque não nos tornamos santos ao fazer o que é santo. Deus nos faz santos ao habitar em nós; tudo que *nós* temos de fazer é convidá-Lo a habitar nossa alma por meio da fé, da esperança e do amor.

Quantos pensamentos negativos vão percorrer nossa mente se deixarmos? Faça uma pausa de todos os pensamentos negativos e invoque pensamentos positivos e verdadeiros no lugar deles. Tudo aquilo que sai de sua boca já está dentro do coração. Faça seu coração puro e a vida será muito melhor para você e para aqueles à sua volta. Procure o bem que há em você e nos outros, durante todo o dia. Deixe que as pessoas ao seu redor saibam do bem que você vê dentro delas e em suas ações.

O dia de hoje é uma bênção e essa bênção é toda sua. Ela está repleta de oportunidades de vida e de graça. Hoje você pode fazer as tarefas ordinárias do trabalho e de casa de um jeito extraordinário. Você pode escolher entregar-se por completo em cada uma dessas tarefas porque, como filho de Deus, tudo que você faz, por mais desimportante que pareça, tem grande valor aos olhos de seu Pai. A fórmula para ter um grande dia é simples: tenha consciência de quem você é; busque obedecer a vontade de Deus nos assuntos importantes e também nas coisas pequenas; e faça tudo que tiver de fazer com dedicação, com graça e com um sorriso estampado no rosto.

Desapegue-se das causas justas

Não existe meio mais rápido para entrar na Cura Divina do que pelo cultivo de um coração misericordioso no dia a dia. O perdão é o maior sinal e a característica definitiva de um cristão maduro; é a joia da coroa do desenvolvimento pessoal. Nenhuma outra atitude humana consegue nos trazer mais para perto de Jesus em seu ato redentor de sofrimento, de morte e de ressurreição do que a escolha voluntária de perdoar quem comete transgressões contra nós.

Ontem, alguém fez graça de mim por causa de uma gafe que cometi enquanto gravava um programa de televisão. Esse gracejo foi feito na frente de pessoas de quem eu muito respeito o pensamento que têm de mim. Por muitas horas eu fiquei ruminando mentalmente sobre o que aquela pessoa havia feito. Eu alimentei a fogueira do meu orgulho ferido com pensamentos inúteis e desamorosos sobre as intenções daquela pessoa.

Ainda imerso em minha pequenez, passei por um segurança que tem a função de garantir que apenas pessoas autorizadas circulem por certos lugares do prédio. Com o canto do olho pude ver uma figura importante dentro da emissora passar correndo por uma das portas e esbarrar no segurança, que estava apenas fazendo seu trabalho. Era evidente que a tal personalidade sabia que havia atingido o segurança — o contato físico fora considerável —, mas aquele repórter nada fez além de balançar a mão por sobre o ombro enquanto passava apressado, como se dissesse algum tipo de desculpas genéricas. Então voltei até o segurança para ver se estava tudo bem. Ele respondeu com essas palavras: "Estou bem; na verdade, estou melhor agora do que antes, porque faz bem ser humilhado de vez em quando." *Isso* é o que eu chamo de fé viva, de esperança viva, de amor vivo!

No mesmo instante me voltei para Deus, me lembrando do ressentimento exagerado que tivera horas antes. "Jesus, estou entregando todos os meus sentimentos negativos para você", orei. "Perdoe-me por ter sido tão tolo."

Praticar a misericórdia no dia a dia serve para nos aproximar do coração de Jesus. Quanto mais refletimos sobre quanta misericórdia Deus demonstrou por nós, mais desejamos mostrar misericórdia pelas pessoas à nossa volta. Pense nisso: Deus se fez homem na pessoa de Jesus de Nazaré *apenas para poder nos perdoar*. Ele desceu à terra *porque o perdão é doce* — tão doce que Ele desejou ser crucificado por nós, seus filhos, para poder compartilhar a misericórdia conosco.

Durante os serviços da Vigília de Páscoa de muitas igrejas no mundo inteiro as pessoas cantam este antigo verso: "Oh, feliz culpa, que mereceu tal e tão grande Redentor."

Oh, feliz culpa? Sim! Se não fosse pelo pecado original e pelo meu e pelo seu pecado, jamais conheceríamos a extensão e o poder do amor divino. Como também não saberíamos que a participação nesse perdão pode libertar das emoções mais intensas de raiva, de ressentimento e de medo. Decerto teria sido melhor jamais ter ofendido a Deus, como teria sido melhor para o Filho Pródigo nunca ter deixado seu pai; mas na lógica de Deus, que é tão diferente da nossa, aquilo que nunca deveria ter acontecido é transformado em uma bênção incomparável. Uma dívida extremamente grande que jamais conseguiríamos pagar foi perdoada e agora somos abraçados por Deus como filhos pródigos que ele ama, não por causa da bondade dentro de nós, mas apenas por sermos seus filhos.

É porque Ele nos ama dessa maneira que conhecemos o amor verdadeiro e somos capazes de amar o próximo do mesmo jeito.

Jesus ensinou o perdão cristão de forma perfeita quando foi pregado na cruz e mesmo assim perdoou seus executores e aqueles que estavam por trás de sua morte horrorosa (Pôncio Pilatos, alguns líderes judeus, os discípulos que o traíram e você e eu). Ele olhou para nós enquanto morria e murmurou: "Pai, perdoa-lhes, pois não sabem o que estão fazendo."

A base do perdão cristão não é o nivelamento dos pratos da balança da justiça. O perdão não é um cálculo de uma quantidade suficiente para pagamento. Não é um truque de mágica para redução de uma dívida. É exatamente o oposto de tudo isso. O perdão cristão é o desapego de uma causa justa em que temos o direito à reparação. É como queimar uma nota promissória e voltar a desfrutar da amizade e do amor da pessoa a quem, por causa do amor abnegado, deixamos de ver como devedores, como se nunca tivessem sido.

O perdão é a decisão de se desapegar totalmente e em nome do amor. Mas e quanto a perdoar alguém que se recusa a pedir perdão? E quanto a perdoar alguém que não deseja ser perdoado? E quanto a perdoar alguém que não acredita ter feito algo errado? Sim, sim e sim. O perdão radical que segue esses moldes, todos os dias, rapidamente leva à Cura Divina, onde aceitamos até o cerne de nossa existência que a felicidade não depende de que alguém nos trate bem, mas apenas da união com Deus, que já perdoou de nós muito mais do que alguém jamais chegará a nos dever.

Converse com frequência com o Sócio Majoritário

No primeiro capítulo deste livro falamos sobre o papel que temos como Sócios Minoritários do Espírito Santo. Deus escolheu confiar em nós para realizar seu plano de salvação, de caridade e de justiça. Nós somos os pés e as mãos de Deus em um mundo que está morrendo por falta de amor.

Podemos ser Sócios Minoritários ao criar o hábito de conversar com frequência com o Espírito Santo. Devemos incentivar esse hábito não só quando estamos em apuros, mas em todo o planejamento e execução de cada dia.

Comece o seu dia orando. O rascunho da meditação cristã que já foi oferecido em capítulo anterior é um método. Mas a despeito de como você preferir orar, tenha certeza de falar com Jesus sobre as coisas que pesam em seu coração. Quais são suas preocupações para aquele dia? Escreva em uma folha de papel. Quais são as metas que você tem de alcançar? Faça uma lista. Estabeleça um plano. Apresente esse plano em oração para o seu Sócio Majoritário, o Espírito Santo, e pergunte se Ele tem alguma coisa para acrescentar. Faça as alterações necessárias. A preocupação Dele com o seu dia é maior que a sua própria preocupação. Os recursos divinos são infinitos e Ele os coloca todos à sua disposição.

Você está ansioso para fazer uma reunião? Reserve algum tempo para descobrir o motivo em uma oração. Faça perguntas para si mesmo. A pessoa com quem você vai se encontrar deixa você inseguro? O que causa essa insegurança? Será o tom de voz, o desprezo aparente ou o questionamento de seus motivos? O Espírito Santo com certeza irá dizer que essa atitude é problema apenas dessa pessoa, e isso não faz de você nem melhor nem pior aos olhos de Deus. Desapegue-se. Volte-se para Aquele que fez você, porque Ele desejou que você estivesse na terra e o acompanha mesmo hoje.

Mas a conversa com o Sócio Majoritário, nosso Pai amado, não termina quando a oração matinal acaba. Ao longo do dia, fazemos escolhas o tempo todo. Sempre que alguma decisão implicar consequências importantes, não faça a escolha sozinho. Deus está conosco e deseja nos inspirar a fazer a coisa certa. Um método simples que meu pai me ensinou e que muito me ajuda é o "OPA" — ore, pense, aja:

1. *Oração.* Coloque-se diante da presença de Deus e peça que Ele o ilumine.
2. *Pensamento.* Use o maravilhoso intelecto que Deus lhe deu para pensar no problema que você tem em mãos.
3. *A*ção. Agora, aja de acordo com o que você acredita que Deus está pedindo para você fazer.

O contato com Deus em nível prático não irá fazer você mais distraído ou avoado. É exatamente o oposto. Ficamos mais focados em uma atividade quando temos a consciência de parar por um instante, voltar a mente para Deus e pedir que Ele nos dê orientação e força. Olhar na direção de Deus sempre ajuda a saber quando o silêncio é importante, quando o confronto é necessário e quando o esforço extra é a coisa certa a se fazer.

Lançar regularmente o olhar na direção de Deus também nos ajuda a experimentar o modo como Deus conhece nossos desejos e necessidades. Deus quer demonstrar seu amor através de dons pessoais e íntimos. Por isso, quando olhamos em sua direção para pedir orientação, a inspiração por Ele concedida sempre aponta na direção daquilo que vai nos fazer verdadeiramente feliz. Talvez você não tenha feito tantos exercícios quanto deveria porque odeia correr na esteira ergonômica. Pode apostar que Deus lhe dará inspiração para ter ideias melhores e mais empolgantes que uma esteira de academia. Ele conhece você por dentro. Talvez você se lembre do convite de um amigo para se juntar ao time de futebol dele. Talvez você decida comprar uma bicicleta. Talvez o Espírito Santo o inspire a comprar flores para sua esposa e ela, por sua causa, experimente o amor de Deus através de um presente que é exatamente o que ela precisava.

Consentimento ativo

Não posso terminar este capítulo sem fazer aqui uma distinção clara entre as respostas da "resignação" e do "consentimento" quando a jornada espiritual atinge uma situação problemática que não podemos modificar. Acabei de receber uma ligação de um homem com quem venho conversando durante alguns anos. Conversei com Andrew pela primeira vez quando ele descobriu que sua esposa — a mãe de seus três filhos — o estivera traindo por quase dez anos. Depois de percorrer os estágios psicológicos e espirituais do choque, da descrença, da ira e assim por diante, um ano depois ele mergulhou numa tristeza profunda, que chamou de depressão "gerenciável". Ele havia se "resignado" a viver com algo que não conseguiria mudar e jamais conseguiria superar. Essa resignação não foi apenas um ato voluntário. Ela também serviu para assentar a posição emocional dele na indiferença.

Porém, ao conversar comigo hoje, pude ouvir uma nova vida em sua voz. Fiquei sabendo que ele e a esposa haviam participado de um retiro para salvar o casamento e imaginei que esse fosse o motivo da ligação. Porém, como Andrew me disse, eles haviam ido e voltado do retiro do mesmo jeito. "Então, por que a alegria em sua voz?", perguntei.

Andrew contou que, no retiro, havia decidido retomar sua vida de oração. Ele não tinha nenhum interesse em orar por seu relacionamento. Ele havia desistido de acreditar nas chances de ver alguma melhora e não esperava nada de Deus em relação a esse assunto. Afinal de contas, não era culpa *dele*. No entanto, Andrew explicou, com animação na voz, que havia tido uma inspiração inesperada durante uma oração para aceitar a infidelidade da mulher *como algo que Deus havia permitido*. Apesar de Andrew ter aceitado as desculpas da esposa em um momento anterior e de estarem vivendo juntos novamente, muito em parte por causa das crianças, ele jamais havia aceitado o que acontecera como parte de uma realidade que Deus permitira acontecer. Em outras palavras, ele havia se resignado diante daquela situação, mas essa resposta era apenas passiva.

A alegria que Andrew experimentou ao aceitar de forma ativa aquela situação pode ser explicada pelo conceito do consentimento. Consentir com uma situação trágica é bem diferente de resignar-se diante dela. Você já ofereceu seu consentimento à vontade ativa ou passiva de Deus em sua vida? Você já aceitou de forma ativa a situação em que se encontra? Você já disse para Deus que está confiante em que Ele faça um bem maior de toda essa situação?

CONCLUSÃO

Se você abriu as páginas deste livro porque sua vida sofreu uma reviravolta trágica ou porque você se recusou a acreditar que a morosidade de todo dia era o melhor que sua vida poderia ser, tenho certeza de que você ainda não sente que tudo está perfeito. Mas espero, no entanto, que seu coração tenha sido banhado de luz. Oro para que a sua esperança no próprio futuro tenha sido renovada. E confio que você irá tentar, ou ao menos pensar, a respeito de embarcar nessa jornada, afastando-se dos padrões de pensamento e de comportamento destrutivos do passado e aproximando-se de um estilo de vida em que a fé, a esperança e o amor tenham domínio sobre os julgamentos e emoções menos nobres.

Algumas das histórias que contei aqui falaram de pessoas excepcionais que fizeram coisas maravilhosas, às vezes até lutando contra todas as probabilidades. A maioria de nós, no entanto, jamais terá a oportunidade de realizar "grandes" feitos. A nossa vida será definida pela soma das inúmeras e já esquecidas decisões que tomamos, sejam elas boas ou ruins. Iremos construir uma vida de maior ou menor bondade, de alegria e de bons resultados produzidos pelo modo como vivemos a rotina simples do dia a dia.

Você pode lembrar, como vimos na introdução deste livro, que é isso que Moe, conhecido como "o último açougueiro de Little Italy" , tem feito da vida — ele tem criado um legado de amor através dos atos mais simples em sua loja na rua Elizabeth, que fica logo depois da rua Houston. Se você precisar de um motivo para sorrir, vá visitá-lo. Se você quiser alguém que o trate como um amigo, mesmo que não compre nada, essa pessoa é Moe. Se você quiser ver alguém que sobrevive mesmo em face das dolorosas e inevitáveis mudanças na vizinhança e nos negócios em geral, dê uma paradinha na loja do Moe e ele irá servir de grande inspiração, mesmo sem fazer nada de especial. Você talvez se lembre de quão contagiosa tem sido a simplicidade da vida cheia do

Espírito desse homem, que acaba servindo para inspirar donos de negócios da nova geração a imitarem sua bondade. Sean, o dono do Café Habana, não só compra toda a carne que usa da loja de Moe, como também faz visitas frequentes para conversar com o amigo.

Outro dia eu tomava o café da manhã no Café Habana e reparei como a garçonete estava feliz. Perguntei há quanto tempo ela trabalhava no pequeno restaurante. A resposta dela: "Sete anos — é um ótimo lugar para se trabalhar."

"Você sabia que seu chefe é o responsável por manter Moe, o último açougueiro de Little Italy, no mercado porque compra toda a carne que consome da loja dele?", perguntei.

"Sim", ela respondeu, "mas esse é o jeito do Sean, e é o mesmo jeito com que ele trata todo mundo. Além disso, os produtos do Moe são ótimos".

Então quer dizer que o produto de Moe é ótimo. Eu não duvido nem um pouco disso. E não estou dizendo apenas porque já experimentei a carne moída que ele vende, mas porque a vida cheia do Espírito, como estilo de vida, se espalha para tudo que fazemos. Nós nos tornamos cônjuges, amigos, atletas, donos de restaurantes... e açougueiros melhores.

Outro homem, que certas pessoas podem dizer que não faz nada de excepcional no trabalho, me ensina essa mesma lição todos os dias. Ele faz a vigilância para nós, abrindo e fechando as portas do Estúdio B do prédio do canal de notícias da rede de televisão Fox. Cerca de um ano atrás, perguntei a Clinton por que ele estava sempre sorrindo e sendo gentil com todos que passavam por aquelas portas, com tantas coisas importantes para fazer. Ele não deu nenhuma resposta que eu me lembre, apenas o sorriso de sempre e uma gargalhada, mas algumas semanas depois, ele perguntou se eu teria um segundo para conversar. Então tirou uma folha de papel dobrada do bolso da frente de seu uniforme azul. Desdobrou o papel com cuidado e apontou delicadamente o título do que, à primeira vista, parecia um poema: "Esse é um jeito maravilhoso de começar todos os dias o trabalho!" Clinton perguntou se eu estaria disposto a "topar" aquele desafio. O desafio consistia em orar todos os dias segundo aquela oração antes de começar a trabalhar. Parte do texto dizia assim:

> Pai, venho diante de ti nesta manhã para agradecer por teres me acordado. Entro em teus domínios com gratidão e cruzo o teu portão com louvor. Declaro, Pai, que este é o dia que fizeste, e que irei me alegrar e ser feliz em abundância nele.
>
> Pai, eu te agradeço por esse emprego com que me abençoaste aqui na/o ________. Não o considero um fardo, e me comprometo a realizar cada tarefa que me é atribuída como se a fizesse para ti e não para um homem.
>
> Vou tentar ser um administrador fiel de tudo que me deste; em troca, as bênçãos de Deus transbordarão em minha vida.
>
> Dá-me força, Senhor, e habita em mim durante todo o dia, independentemente das circunstâncias e da situação. Ajuda-me a agir no fruto do Espírito o tempo todo. Isso vale também para quando eu estiver perdendo o controle da língua, quer seja para contar uma fofoca, para dizer insultos ou por qualquer outro motivo. Vou procurar dizer apenas palavras que te edifiquem; tudo aquilo que não for edificante, vou afastar de mim.
>
> Obrigado, Pai, por seres tudo que és para mim. Jamais encontrarei alguém que seja tão bom para mim. Eu te amo. Em nome de Jesus. Amém.

Esse é o tipo de espiritualidade prática capaz de transformar uma vida. Eu não conheço a história da família de Clinton, como não conheço a de Moe, mas esses homens são uma prova, sem qualquer ar de arrogância, de como a vida cheia do Espírito é possível e acessível.

Se você encontrou aqui alguma ideia em que acha que pode acreditar, agora é a hora de traduzir essa ideia em ação. Como Sócio Minoritário do Espírito Santo, siga em frente com determinação — sem se esquecer das trepidações do caminho! —, sabendo que há muito trabalho a ser feito e que apenas você pode fazê-lo. Você sabe que a sua liberdade é real. Você pode usar e abusar dessa liberdade; as consequências de suas decisões não serão impedidas nem mesmo por Deus. Siga em frente com confiança inabalável, porque você tem a certeza e a experiência de que Deus está do seu lado. Ele está aqui para dar graça a você sob a forma de força, sabedoria, prudência, humildade e ousadia para fazer a coisa certa. Ele também está aqui para contribuir e recompensar essas boas escolhas com a santidade e a felicidade que planejou para você.

A jornada que tentei rascunhar neste livro é tal que podemos passar toda uma vida praticando sem chegar ao fim dela. Como dito anteriormente, tenho os seis passos do processo de Fazer o Caminho Reto gravados em uma placa de bronze, que serve como lembrete constante da edificação humana necessária para me preparar para a graça de Deus. Se tudo o mais falhar, se eu estragar tudo, ficar deprimido, ou se as pessoas errarem comigo, sei que reviver esses seis passos sempre servirá como meio concreto e real para seguir em frente.

Quando fico atolado e me sinto impossibilitado de viver os fundamentos da vida cristã (oração, perdão, caridade e assim por diante), sei o que fazer (veja o capítulo 3). Sei que, de forma inconsciente, acreditei nas mentiras de Satã sobre mim mesmo, sobre Deus e sobre os outros que me impedem de preparar meu coração para entrar e desfrutar da Cura Divina. Nesse sentido, a eterna jornada da autoajuda à ajuda divina necessita de especial atenção às falhas e à limitação pessoal, sendo, por esse motivo, de grande ajuda quando há a colaboração de amigos que conseguem falar com clareza sobre os defeitos que temos. Sempre que me vejo caindo em hábitos que não são saudáveis, ou tendo reações irracionais e desproporcionais a pessoas ou coisas que me incomodam, sei que tenho de voltar à oração e pedir que Deus substitua as mentiras (sobre a autoestima, sobre o sucesso e outros conceitos semelhantes) por verdades. Sou capaz de voltar a esse processo de cura todos os dias, se necessário, sem qualquer frustração, porque Deus pede de mim apenas sinceridade e perseverança.

Por fim, sei que, enquanto eu preservar meu desejo de amizade para com Deus, jamais ficarei cansado dos objetivos de ter fé viva, esperança viva e amor vivo. Esses objetivos me atraem de forma contínua porque meu coração foi feito para eles. Meu espírito e minha natureza são congruentes com esses objetivos e eu floresço quando eles me definem. Procuro sempre me lembrar dos vários heróis espirituais que mencionei nestas páginas — como Cynthia e Moe, por exemplo. Essas pessoas conseguiram seguir em frente em paz e com um sorriso no rosto porque não têm o coração nas coisas tolas e passageiras. O objetivo delas não é o mesmo objetivo das pessoas mundanas que desejam o prazer, o poder e a fama imediatos. O coração desses heróis descansa no lugar certo. Como eles, milhões de outras pessoas encontraram o caminho estreito do Evangelho — o caminho reto — que leva à vida em abundância. Eu espero que você também esteja fazendo essa jornada pelo caminho que leva à vida abundante e repleta de alegria que Deus reservou para você.

Deus nos quer sorrindo. Deus *te* quer sorrindo. Ele nos mostrou o caminho.

Este livro foi impresso na
LIS GRÁFICA E EDITORA LTDA.
Rua Felício Antônio Alves, 370 – Bonsucesso
CEP 07175-450 – Guarulhos – SP
Fone: (11) 3382-0777 – Fax: (11) 3382-0778
lisgrafica@lisgrafica.com.br – www.lisgrafica.com.br